	願望	たし	35	願望（…タイ、…テホシイ）	たく たから	たく たかり	たし	たき	たけれ	○	形容詞型	動詞・助動詞「る」「らる」「す」「さす」の連用形
終止形	推量	べし	19	推量（…ニチガイナイ、…ソウダ、…ダロウ）意志（…ウ、…ヨウ、…ツモリダ）適当（…ノガヨイ、…ノガ適当ダ）当然・義務（…ハズダ、…ナケレバナラナイ、…ベキダ）強い勧誘・命令（…ベキダ、…セヨ）可能（…デキル、…デキルハズダ）	べく べから	べく べかり	べし	べき べかる	べけれ	○	形容詞型	活用語の終止形（ラ変・ラ変型の活用語には連体形に接続） ＊ラ変型の活用語…形容詞（カリ活用）・形容動詞・ラ変型活用の助動詞
終止形	現在推量	らむ〈らん〉	17	現在推量（今ゴロハ…テイルダロウ）現在の原因推量（…ノダロウ、…ダカラダロウ、〈ドウシテ〉…テイルノダロウ）現在の伝聞（…トカイウ、…ソウダ）現在の婉曲（…テイルヨウナ、…ト思ワレル）推量（…ダロウ）	○	○	らむ〈らん〉	らむ〈らん〉	らめ	○	四段型	
終止形	推定	らし	21	推定（…ラシイ、…ニチガイナイ）	[illegible]	○	らし	らし（らしき）	らし	○	特殊型	
終止形	推定	めり	23	推定（…ヨウニ見エル、…ヨウダ）婉曲（…ヨウダ）	[illegible]	[illegible]	めり	める	めれ	○	ラ変型	
終止形	推定	なり	23	推定（…ヨウダ、…ラシイ、…ニチガイナイ）伝聞（…トイウコトダ、…ソウダ、…ト聞イテイル）	[illegible]	[illegible]	[illegible]り	なる	なれ	○	ラ変型	
終止形	打消推量	まじ	27	打消推量（…ナイダロウ、…マイ）打消意志（…マイ、…ナイツモリダ）禁止・不適当（…テハナラナイ、…ナイホウガヨイ）打消当然（…ベキデハナイ、…ハズガナイ）不可能推量（…デキナイダロウ、…デキソウニナイ）	まじく （まじから）	ま[illegible]	[illegible]	まじき まじかる	まじけれ	○	形容詞型	
体言 連体形	断定	なり	29	断定（…ダ、…デアル）存在（…ニアル）	なら	なり に	なり	なる	なれ	（なれ）	形容動詞型	体言・活用語の連体形（一部の助詞や副詞にも接続）
体言	断定	たり	29	断定（…ダ、…デアル）	たら	たり と	たり	たる	たれ	（たれ）	形容動詞型	体言
その他	完了	り	13	存続（…テイル、…テアル）完了（…タ、…テシマッタ）	ら	り	り	る	れ	（れ）	ラ変型	サ変の未然形・四段の已然形（四段については命令形に接続するという説もある）
その他	比況	ごとし	35	比況（…ト同ジダ、…ニ似テイル、…ヨウダ）例示（タトエバ…ノヨウダ、タトエバ…ナドダ）	ごとく	ごとく	ごとし	ごとき	○	○	形容詞型	体言・活用語の連体形・格助詞「が」「の」
その他	比況	やうなり		比況（…ヨウダ、…ミタイダ）例示（タトエバ…ヨウダ）様子・状態（…様子ダ、…状態ダ、…ヨウダ）婉曲（…ヨウダ）	やうなら	やうなり やうに	やうなり	やうなる	やうなれ	○	形容動詞型	活用語の連体形・格助詞「が」「の」

■文語動詞一覧

ページ	種類	行	語	語幹	未然形	連用形	終止形	連体形	已然形	命令形
5	四段	カ行	聞く	き	か	き	く	く	け	け
		ハ行	思ふ	おも	は	ひ	ふ	ふ	へ	へ
5	上一段	マ行	見る	（み）	み	み	みる	みる	みれ	みよ
		ワ行	居る	（ゐ）	ゐ	ゐ	ゐる	ゐる	ゐれ	ゐよ
5	上二段	ダ行	恥づ	は	ぢ	ぢ	づ	づる	づれ	ぢよ
		ヤ行	悔ゆ	く	い	い	ゆ	ゆる	ゆれ	いよ
5	下一段	カ行	蹴る	（け）	け	け	ける	ける	けれ	けよ
5	下二段	ア行	得	（う）	え	え	う	うる	うれ	えよ
		サ行	寄す	よ	せ	せ	す	する	すれ	せよ
		ハ行	経	（ふ）	へ	へ	ふ	ふる	ふれ	へよ
7	カ変		来	（く）	こ	き	く	くる	くれ	こ（こよ）
7	サ変		す	（す）	せ	し	す	する	すれ	せよ
7	ナ変		死ぬ	し	な	に	ぬ	ぬる	ぬれ	ね
7	ラ変		あり	あ	ら	り	り	る	れ	れ

■文語形容詞一覧

ページ	種類	語	語幹	未然形	連用形	終止形	連体形	已然形	命令形
9	ク	なし	な	く から	く かり	し	き かる	けれ	かれ
9	シク	をかし	をか	しく しから	しく しかり	し	しき しかる	しけれ	しかれ

■文語形容動詞一覧

ページ	種類	語	語幹	未然形	連用形	終止形	連体形	已然形	命令形
9	ナリ	あはれなり	あはれ	なら	なり に	なり	なる	なれ	（なれ）
9	タリ	堂々たり	堂々	（たら）	たり と	たり	たる	（たれ）	（たれ）

■品詞分類表

自立語 ＊単独で文節（文を、音読するとき不自然にならない範囲で区切った単位）になることができる語。

- 活用する
  - 述語となる（用言）
    - ウ段で言い切る＊……❶**動詞**
    - 「し」で言い切る……❷**形容詞**
    - 「なり」「たり」で言い切る……❸**形容動詞**
- 活用しない
  - 主語となる（体言）……❹**名詞**
  - 主語とならない
    - 修飾語となる
      - 用言を修飾……❺**副詞**
      - 体言を修飾……❻**連体詞**
    - 修飾語とならない
      - 接続する……❼**接続詞**
      - 接続しない……❽**感動詞**

＊ラ変動詞は「り」で言い切る。

付属語 ＊単独で文節になることができない語。

- 活用する……❾**助動詞**
- 活用しない……❿**助詞**

【各品詞の例語】

❶**動詞**…行く・着る・恋ふ・往ぬ

❷**形容詞**…多し・かなし・いみじ

❸**形容動詞**…おろかなり・つれづれなり

❹**名詞**…紫式部・天の橋立（固有名詞）
花・心・神官・道（普通名詞）
二つ・三番・二月（数詞）
こと・ため・まま（形式名詞）

❺**副詞**…かく・つくづくと・かさねて
うたて・げに・やうやう
いさ・いかが・あに・たとひ
ゆめ・いかで・あたかも

❻**連体詞**…あらゆる・さる・きたる

❼**接続詞**…されど・さて・しかるに

❽**感動詞**…いざ・えい・あはれ・あな

❾**助動詞**…る・ず・けり・べし・なり

❿**助詞**…が・の・を・に・と（格助詞）
ば・が・て・つつ（接続助詞）
だに・さへ・ばかり（副助詞）
は・も・ぞ・なむ・や・か・
こそ（係助詞）
な・ばや・かな・よ（終助詞）
や・を（間投助詞）

はしがき

『ニューフェイズ』シリーズは、基礎レベルから大学入試レベルへとステップアップしながら新しい入試にも対応できる力を養成することをねらいとした問題集シリーズです。幅広いジャンルから厳選した良質な文章を数多く読み込むことで、あらゆる文章に対応できる読解力が身につくように構成しています。また、大学入学共通テストをはじめとするさまざまな大学入試の出題傾向を参考にした「読み比べ」問題も収録しています。

本書の特色

一．古文編は、「本文の展開」「重要古語」「読解問題」「文法の整理」からなる問題演習で構成し、各回に計50点を配点しました。

二．漢文編は、「本文の展開」「読解問題」「基本句形の整理」からなる問題演習で構成し、各回に計50点を配点しました。

三．巻末付録は、「『読み比べ』問題に取り組む際のポイント」「技能別採点シート」を用意しました。「技能別採点シート」では、各設問についている「設問区分」ごとの点数を集計することができ、自分の弱点を把握することができます。

※本シリーズで取り上げた本文は、問題集の体裁上の配慮により、原典から文章の中略や表記の変更を行ったものもあります。

使い方のポイント

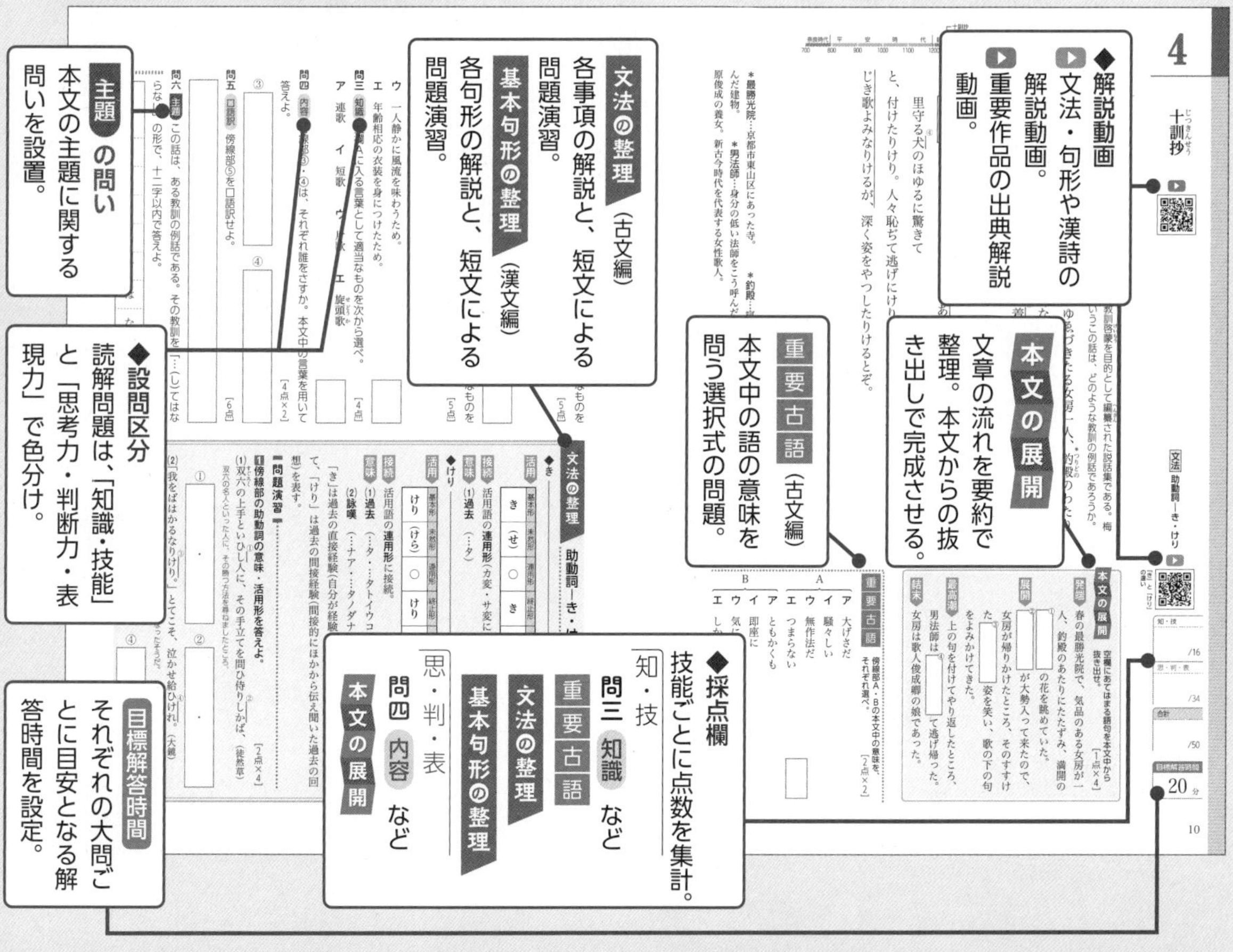

◆解説動画
文法・句形や漢詩の解説動画。
重要作品の出典解説動画。
文法の整理（古文編）
各事項の解説と、短文による問題演習。
基本句形の整理（漢文編）
各句形の解説と、短文による問題演習。
主題の問い
本文の主題に関する問いを設置。
本文の展開
文章の流れを要約で整理。本文からの抜き出しで完成させる。
重要古語（古文編）
本文中の語の意味を問う選択式の問題。
◆設問区分
読解問題は、「知識・技能」と「思考力・判断力・表現力」で色分け。
◆採点欄
技能ごとに点数を集計。
知・技
問三 知識 重要古語 文法の整理 基本句形の整理 など
思・判・表
問四 内容 本文の展開 など
目標解答時間
それぞれの大問ごとに目安となる解答時間を設定。

ニューフェイズ古典1＋

目次

古文編

文法の整理

解答のルール

解答欄のマス目の使い方

一マスに一字が基本。とくに指示がない場合、句読点や記号、カギカッコなども字数に数える。
原稿用紙とは違うので、行末のマス目に文字と句読点などをいっしょに入れないようにしよう。

字数指定の答え方

十字以内で答えよ→十字を超えないで答える。
十字程度で答えよ→十字を少し超えてもよい。
これらの場合、指定字数の八割以上で答えよう。
十字で答えよ→十字ぴったりで答える。
八字以上十字以内で答えよ→八字から十字までで答える。

読みの答え方

歴史的仮名遣いの読み方→指定がない場合は平仮名・現代仮名遣いで答える。

書き下し文の答え方

①文語文法に従い、歴史的仮名遣いで書く。

例 法師→
○ほうし〔現代仮名遣い〕
×ほふし〔歴史的仮名遣い〕
×ほーし〔現代の発音〕

②送り仮名は平仮名で書く。

③原文の漢字はそのまま用いることを原則とする。
次の場合は平仮名にする。

ア 文語文法の助詞と助動詞にあたるもの。
例 之→の　与→と　不→ず　也→なり

イ 再読文字で二度目に読む部分。
例 将→将に～す　当→当に～べし

④訓読しない漢字は書き下し文には表さない。

解説動画アイコン

▶ 出典
▶ 文法／句形・漢詩

奈良時代 | 平安時代 | 鎌倉時代 | 室町時代 | 江戸時代（伊曽保物語）
700 800 900 1000 1100 1200 1300 1400 1500 1600 1700 1800 1900

1 伊曽保《いそほ》物語

文法 動詞の活用―正格活用

〈見分け方〉四段・上二段・下二段

水場から飛び出て苦しんでいた龍《たつ》が、馬で通りかかった人に、水場まで運んでくれたらお礼に金銭をあげると約束した。頼まれた人が水上《みなかみ》まで龍を送って、約束の金銭を請求したところ……。

龍怒つて言はく、「何の金銭をか参らすべき。我を馬に括《くく》りつけて*痛め給ふだにあるに、金銭とは何事ぞ。」といどみ争ふところに、狐馳《は》せ来たつて、「さても龍殿は、何事を争ひ給ふぞ。」と言ふに、龍、*右の趣《おもむき》をなん言ひければ、狐申しけるは、「①我この公事《くじ》を決《けつ》すべし。先に括りつけたるやうは、②何とかしつるぞ。」と言ふに、龍申しけるは、「かくのごとし。」とて、また③馬に乗るほどに、狐、人に申しけるは、「いかほどか締めつけらるるぞ。」と言ふほどに、「これほど。」とて④締めければ、龍の言はく、「*いまだその位《くらゐ》なし。」⑤したたかに締められける。」と言へば、「これほどか。」とて、Aいやましに⑥締めつけて、人に申しけるは、「かかる無理無法なるBいたづら者をば、⑦もとの所へやれ。」とて、*おつ立てたり。人、げにもと喜びて、もとの畠に下ろせり。その時、龍いくたび悔やめども、かひなくして失せにけり。

*痛め給ふだにあるに…痛い目にあわせなさるのさえ心外なのに。
*右の趣…以上の事情。
*いまだその位なし…まだその程度ではない。
*おつ立てたり…追い立てた。

本文の展開

空欄にあてはまる語句を本文中から抜き出せ。［1点×4］

展開 金銭を請求された龍は ①［　　］て、自分を馬に括りつけて痛めつけた上に金銭とは何事だと言った。

最高潮 狐が走って来て、裁いてあげようと言い、馬に括りつけられた際の様子を龍に尋ねた。②［　　］に締められたという龍の言葉どおり龍を馬に括って、もとの ③［　　］に追い戻した。

結末 龍は後悔したが、その ④［　　］死んでしまった。

重要古語

傍線部A・Bの本文中の意味を、それぞれ選べ。［2点×2］

A
ア そうはいうものの
イ いくらなんでも
ウ いよいよますます
エ いつのまにか
［　　］

B
ア 気の変わりやすい者
イ 冗談好きな者
ウ 役に立たない者
エ 悪者
［　　］

知・技 /11
思・判・表 /39
合計 /50
目標解答時間 20分

問一 理由 傍線部①において、「私がこの争いを裁いてあげよう」と言った狐の意図として適当なものを次から選べ。［5点］

ア 狐が利益を得るため。
イ 龍をこらしめるため。
ウ 馬を助けてやるため。
エ 人に迷惑をかけるため。

問二 口語訳 傍線部②を口語訳せよ。［5点］

問三 文脈 傍線部③・④・⑥の主語を、それぞれ答えよ。［3点×3］

③ ④ ⑥

問四 理由 傍線部⑤において、「もっと強く締められた」と言った龍の意図として適当なものを次から選べ。［5点］

ア どの程度強く締められていたかを思い出そうとするため。
イ 強く締められていたことを狐に訴え、同情を買おうとするため。
ウ 狐の善意に対し、誠意をもってこたえようとするため。
エ 括りつけられていなかったことをごまかそうとするため。

問五 内容 傍線部⑦とあるが、その結果、命じられた人は具体的にどのようにしたか。十五字以内で答えよ。［5点］

問六 主題 この文章の後に、「そのごとく、人の恩を蒙《かうむ》りて、それを報《ほう》ぜぬのみか、返つて人に仇《あだ》をなせば、天罰たちまち当たるものなり。」と、作者の教訓が添えてある。この龍の話はどのような教訓の例話か。その教訓を意味する次の四字熟語の空欄に、適当な言葉を補え。［6点］

□□覿《てき》面《めん》

文法の整理　動詞の活用―正格活用

1 傍線部の四段動詞の活用表を完成させよ。［1点×2］

実の入《い》らざらん思ふがわびしき。（宇治拾遺物語）

基本形	語幹	未然形	連用形	終止形	連体形	已然形	命令形	行
入る								
思ふ								

2 傍線部の下一段動詞の活用表を完成させよ。［1点］

二丈ばかり蹴る人もありしなり。（遊庭秘抄）

基本形	語幹	未然形	連用形	終止形	連体形	已然形	命令形	行
蹴る								

3 傍線部の下二段動詞の活用表を完成させよ。［1点×2］

冠者《くわんじや》ばら追はへて搦《から》めてけり。（沙石集）

基本形	語幹	未然形	連用形	終止形	連体形	已然形	命令形	行
追はふ								
搦む								

4 傍線部の上一段・上二段動詞の活用表を完成させよ。［1点×2］

ありさまをも見むと思ひて、惑ひ下《お》りて、（今昔物語集）

基本形	語幹	未然形	連用形	終止形	連体形	已然形	命令形	行
見る								
惑ひ下る								

2 古今著聞集《ここんちょもんじふ》

文法 動詞の活用―変格活用

笛の名手源博雅《みなもとのひろまさ》をたたえる話は数多い。京の朱雀《すざく》門の楼《ろう》の上に住む鬼が、門前で吹く博雅の笛の技量に感動して笛を与えたという話も伝わる。博雅の家に押し入った盗人は、どうなっただろうか。

*博雅の三位《さんみ》の家に、盗人《ぬすびと》入りたりけり。*三品《さんぼん》、*板敷《いたじき》の下に逃げ隠れにけり。盗人帰り、さてのち、はひ出でて家の中を見るに、残りたるものなく、みな取りてけり。*篳篥《ひちりき》一つを*置物厨子《おきものづし》に残したりけるを、三位取りて吹かれたりけるを、出でて去りぬる盗人、はるかに①これを聞きて、②感情おさへがたくして帰り来たりて言ふやう、ただ今の御篳篥の音《ね》を承るに、Aあはれに尊く候《さうら》ひて、③悪心みなあらたまりぬ。取るところのものども、ことごとく④返し奉るべし⑤と言ひて、みな置きて出でにけり。

昔の盗人は、またかくB優なる心もありけり。

*博雅の三位…醍醐《だいご》天皇の孫、源博雅（九一八―九八〇）。　*三品…親王の位。ここは、三位と同じ意味。　*板敷…縁側。　*篳篥…雅楽用の縦笛。その音は、横笛などに比べてとびぬけて大きく、遠くまで届く。　*置物厨子…ものを載せ置くための戸棚。

本文の展開

空欄にあてはまる語句を本文中から抜き出せ。［1点×4］

第一段 博雅の三位と盗人の話

▼**発端・展開** 博雅の家に盗人が入り、博雅は［①　　］の下に逃げた。盗人が帰り、博雅がはい出して家の中を見ると、みな盗まれていた。

▼**最高潮・結末** ［②　　］だけ残していたので、博雅が吹くと、その音に感動して、盗人は［③　　］が改まり、盗んだものをすべて戻して帰って行った。

第二段 編者の評

▼**添加** 昔の盗人は［④　　］心があった。

重要古語

傍線部A・Bの本文中の意味を、それぞれ選べ。［2点×2］

A
ア ふびんで
イ もの悲しく
ウ 爽やかで
エ 深く心にしみて
［　　］

B
ア ものわかりがよい
イ 風流でやさしい
ウ 気前がよく快い
エ いちだんと優れている
［　　］

知・技 /13
思・判・表 /37
合計 /50
目標解答時間 20分

問一 文脈 傍線部①は、何をさすか。六字以内で抜き出せ。〔5点〕

問二 内容 傍線部②に「感情おさへがたくして」とあるが、どのような「感情」か。該当する箇所を六字以内で抜き出せ。〔6点〕

問三 内容 傍線部③は、どのような心か。適当なものを次から選べ。〔5点〕

ア 人のものを盗みたいと思う心
イ 博雅の三位に対する恨みの心
ウ 物事の善悪の判断に迷う心
エ 盗人の心の中の悪を憎む心

問四 口語訳 傍線部④を口語訳せよ。〔6点〕

問五 文脈 傍線部⑤について、盗人が話す言葉はどこから始まるか。適当なものを次から選べ。〔4点〕

ア 取るところのものども
イ 悪心みなあらたまりぬ
ウ あはれに尊く候ひて
エ ただ今の御篳篥の音を

問六 内容 本文では、博雅の三位はどのような人物として描かれているか。適当なものを次から選べ。〔7点〕

ア ことにあたって、慌て者で臆病な人
イ 笛を愛し、その演奏に非常にすぐれた人
ウ 物事に動じず、人を引きつける魅力のある人
エ 物事の判断が確かで、とっさの機転のきく人

文法の整理 動詞の活用―変格活用

1 次の変格活用動詞の活用表を完成させよ。〔1点×4〕

種類	基本形	語幹	活用語尾 未然形	連用形	終止形	連体形	已然形	命令形
カ変	来							
サ変	決す							
ナ変	往ぬ							
ラ変	居り							

2 次の傍線部について、解答欄の形式で答えよ。〔1点×5〕

(1) 足あれば、いづくへか上らざらん。（徒然草）
変格活用動詞「　」の　　形

(2)「天皇《すめらみこと》、はやく吾《あれ》を死ねとや思ほすらむ。」（古事記）
変格活用動詞「　」の　　形

(3)「いかでか久しくおはせむ。」（竹取物語）
変格活用動詞「　」の　　形

(4) 春来ることをたれか知らまし（古今集）
変格活用動詞「　」の　　形

(5) しばし案じたるけしきにて、（十訓抄）
変格活用動詞「　」の　　形

3 徒然草《つれづれぐさ》

文法 形容詞・形容動詞の活用

〈見分け方〉形容詞

知・技	/13
思・判・表	/37
合計	/50

目標解答時間 20分

自分と同じ趣味や同じ考えを持つ友人がほしいと思っても、実際にはなかなかそのような友には出会えない。作者兼好法師も、人間関係の理想と現実の間で、複雑な思いを持っていたようである。

同じ心ならん人と、しめやかに物語して、*をかしきことも、世のはかなきことも、うらなく(A)言ひ慰まんこそうれしかるべきに、*さる人あるまじければ、つゆたがはざらんと向かひゐたらんは、①一人ある心地やせん。

たがひに言はんほどのことをば、*「げに。」と聞くかひあるものから、②いささかたがふところもあらん人こそ、「③我はさやは思ふ。」など争ひ憎み、「④さるから、さぞ。」ともうち語らはば、*つれづれ慰まめと思へど、げには、少しかこつ(B)方《かた》も、我と等しからざらん人は、⑤おほかたのよしなしごと言はんほどこそあらめ、*まめやかの心の友には、⑥はるかに隔たるところのありぬべきぞ、わびしきや。

*をかしきことも、世のはかなきことも…趣深いことも、世の中の無常なことも。　*さる人あるまじければ…そのような人はいるはずもないから。　*「げに。」と聞くかひあるものから…「なるほど。」と聞く価値はあるものの。　*つれづれ慰まめと思へど…することもない所在なさも薄らぐだろうと思うけれども。　*まめやかの心の友には…真実の心の友とは。

本文の展開

空欄にあてはまる語句を本文中から抜き出せ。［1点×4］

人間関係の理想と現実

▼理想（最善の関係）　①［　　］の人とうちとけて話し合い、心を慰める。
↓うれしかるべき

▼現実（最悪の関係）　気の合わない人と②［　　］合って、無理に調子を合わせる。
↓一人ある心地やせん

▼現実（次善の関係）　少し③［　　］ところもある人と議論を交わしたりする。
↓④［　　］慰まめ↓わびしきや

重要古語

傍線部A・Bの本文中の意味を、それぞれ選べ。［2点×2］

A
ア うらやむことなく
イ 心に隔てなく
ウ もの悲しく
エ のどかに
［　　］

B
ア もの思いに沈む
イ 予期する
ウ 我慢する
エ 嘆きを口にする
［　　］

問一 理由 傍線部①において、ただ一人でいる心持ちがするのはなぜか。適当なものを次から選べ。［5点］

ア 「をかしきこと」や「はかなきこと」を話せる友がいないから。
イ 相手にこびへつらうあまり、自分の本心から離れていくから。
ウ しんみりと物語について話し合うような人がいないから。
エ 相手がどう考えているか理解できず、応対しがたいから。

問二 文脈 傍線部②は、どこにかかるか。該当する箇所を七字で抜き出せ。［4点］

問三 内容 傍線部③・④は、どのような発言態度か。適当なものをそれぞれ次から選べ。［4点×2］

ア 命令口調で相手を従わせる態度　イ 自説に賛同を求める態度
ウ 理詰めで強引に相手を納得させようとする態度
エ 対立する相手の意見を否定する態度
オ 相手の顔を立てた、協調性のある態度

③　④

問四 口語訳 傍線部⑤を口語訳せよ。［5点］

問五 内容 傍線部⑥において、何と何との間に「はるかに隔たるところ」があるのか。それぞれ本文中の言葉で答えよ。［3点×2］

と

問六 主題 この文章の主題として適当なものを次から選べ。［5点］

ア 友人を多く持つ喜び　イ 友と世間話する楽しさ
ウ 心の友が得がたい寂しさ　エ 口論した後のむなしさ

文法の整理　形容詞・形容動詞の活用

1 次の形容詞の活用表を完成させよ。［1点×2］

基本形	活用語尾 未然形	連用形	終止形	連体形	已然形	命令形	活用の種類
高し							
苦《くる》し							

2 次の形容動詞の活用表を完成させよ。［1点×2］

基本形	活用語尾 未然形	連用形	終止形	連体形	已然形	命令形	活用の種類
豊かなり							
堂々たり							

3 次の傍線部について、解答欄の形式で答えよ。［1点×5］

(1) ①しめやかに物語して、②をかしきことも、世の③はかなきことも、④うらなく言ひ慰まんこそ（1行）

(2) 夜いたく更けて、⑤月清明たるに見れば、（太平記）

①　詞　活用　形
②　詞　活用　形
③　詞　活用　形
④　詞　活用　形
⑤　詞　活用　形

奈良時代　平安時代　鎌倉時代　室町時代　江戸時代
700　800　900　1000　1100　1200　1300　1400　1500　1600　1700　1800　1900
十訓抄

4 十訓抄《じっきんせう》

文法　助動詞―き・けり

「き」と「けり」の違い

知・技 /16
思・判・表 /34
合計 /50
目標解答時間 20分

『十訓抄』は、年少者たちに善を勧め悪を戒める教訓啓蒙《けいもう》を目的として編纂《へんさん》された説話集である。梅の花を見に来た女房を法師たちがからかったというこの話は、どのような教訓の例話であろうか。

近ごろ、*最勝光院《さいしようくわうゐん》に、梅盛りなる春、ゆゑづきたる女房一人、*釣殿《つりどの》のわたりにたたずみて、花を見るほどに、*男法師などうちむれて入り来たりければ、Aこちなしとや思ひけん、①帰り出でけるが、②着たる薄衣《うすぎぬ》のことのほかに黄ばみすすけたるを笑ひて、

花を見捨てて帰る③猿まろ

と、[A]をしかけたりければ、Bとりあへず、

里守る④犬のほゆるに驚きて

と、付けたりけり。人々恥ぢて逃げにけり。この女房は*俊成卿《しゆんぜいきやう》の女《むすめ》とて、⑤いみじき歌よみなりけるが、深く姿をやつしたりけるとぞ。

*最勝光院…京都市東山区にあった寺。　*釣殿…寝殿造りの西の廊の南端にあって、庭の池にのぞんだ建物。　*男法師…身分の低い法師をこう呼んだか。　*俊成卿の女…『千載和歌集』の撰者藤原俊成の養女。新古今時代を代表する女性歌人。

本文の展開

空欄にあてはまる語句を本文中から抜き出せ。［1点×4］

発端 春の最勝光院で、気品のある女房が一人、釣殿のあたりにたたずみ、満開の①[　　]の花を眺めていた。

展開 ②[　　]が大勢入って来たので、女房が帰りかけたところ、そのすすけた③[　　]姿を笑い、歌の下の句をよみかけてきた。

最高潮 上の句を付けてやり返したところ、男法師は④[　　]て逃げ帰った。

結末 女房は歌人俊成卿の娘であった。

重要古語

傍線部A・Bの本文中の意味を、それぞれ選べ。［2点×2］

A
ア 大げさだ
イ 騒々しい
ウ 無作法だ
エ つまらない

[　　]

B
ア ともかくも
イ 即座に
ウ 気にもとめず
エ しかたなく

[　　]

問一 理由 傍線部①について、女房が帰りかけた理由として適当なものを次から選べ。［5点］

ア 十分に梅の花を見て楽しんだと感じたから。
イ ここにいてもしかたがないと考えたから。
ウ 梅の花を楽しむ仲間もいないとわかったから。
エ 無作法な連中が来たと思ったから。

問二 理由 傍線部②のような姿を女房がしていた理由として適当なものを次から選べ。［5点］

ア 暮らし向きがひどく貧しかったため。
イ 春らしい色合いの衣装を選んだため。
ウ 一人静かに風流を味わうため。
エ 年齢相応の衣装を身につけたため。

問三 知識 空欄Aに入る言葉として適当なものを次から選べ。［4点］

ア 連歌　**イ** 短歌　**ウ** 片歌　**エ** 旋頭歌《せどうか》

問四 内容 傍線部③・④は、それぞれ誰をさすか。本文中の言葉を用いて答えよ。［4点×2］

③

④

問五 口語訳 傍線部⑤を口語訳せよ。［6点］

問六 主題 この話は、ある教訓の例話である。その教訓を「…(し)てはならない」の形で、十二字以内で答えよ。［6点］

てはならない

文法の整理　助動詞—き・けり

◆き

活用

基本形	未然形	連用形	終止形	連体形	已然形	命令形	活用の型
き	(せ)	○	き	し	しか	○	特殊型

接続　活用語の**連用形**（カ変・サ変には**未然形**にも）に接続。

意味　**(1)過去**　（…タ）

◆けり

活用

基本形	未然形	連用形	終止形	連体形	已然形	命令形	活用の型
けり	(けら)	○	けり	ける	けれ	○	ラ変型

接続　活用語の**連用形**に接続。

意味　**(1)過去**　（…タ・…タトイウコトダ・…タソウダ）
(2)詠嘆　（…ナア・…タノダナア）

「き」は過去の直接経験（自分が経験した過去の回想）を表すのに対して、「けり」は過去の間接経験（間接的にほかから伝え聞いた過去の回想）を表す。

問題演習

1 傍線部の助動詞の意味・活用形を答えよ。［2点×4］

(1) 双六《すぐろく》の上手といひし①人に、その手立てを問ひ侍りし②かば、（徒然草）
双六の名人といった人に、その勝つ方法を尋ねましたところ、

(2)「我をばはかるなりけり③。」とてこそ、泣かせ給ひけれ④。（大鏡）
「私をだましたのだなあ。」と言って、お泣きになったそうだ。

①　・
②　・
③　・
④　・

奈良時代	平安時代	鎌倉時代	室町時代	江戸時代
700–800	800–1200	1200–1300	1300–1600	1600–1900（御伽物語）

5 御伽《おとぎ》物語

文法 助動詞—つ・ぬ・たり・り

弓をたしなむ人が、ある夜出かける際に弓と矢を十本持って行った。途中、竹やぶで篠竹《しのだけ》を切り、矢を作って追加した。さらに進んで行くと、道の真ん中に謎の生き物がいる。その正体は？

さて行くに、道の真中《まんなか》に、その色黒きものあり。人よりは小さうして、さらに動かず。「のけ。」と言へど（ア）、いらへず。「いかさまに狐《きつね》・狢《むじな》*なるべし。」と思ひ、矢を放ちて射るに、手ごたへして当たると見しも（イ）、①飛びのく音、かねなど射るがごとし。しかれども、やをら（A）はたらきもせず。また射るも（ウ）初めのごとし。一筋《ひとすぢ》一筋と射るほどに、十筋みな射て、ただ一本残れり。このとき、かのもの動きて、上にかづきしものをわきへのけて（エ）、飛びかかるを、残る一筋にて射とめたり。さて間近《まぢか》く見れば、狸《たぬき》にて、上にかづきしは鍋なり。②おそろしきたくみにあらずや。その十の数知りしにや。また、十は数の常にして*、ものごとにこれを用ゆ。狸すらそれを繰りて*うかがふ、③まして人なんどの智にはかんがふべきをや。切り添へて十一にして行きしは心にくく（B）侍る。秘事*は睫《まつげ》のごとく、これ弓法の徳なりと言へり。

*狢…狸の異称。　*十は数の常にして…十は数のまとまりの常で。　*繰りて…順々に数えて。

*秘事は睫のごとく…秘伝・秘訣《ひけつ》などというものは、案外身近な所にあるということ。

本文の展開　空欄にあてはまる語句を本文中から抜き出せ。［1点×4］

展開　道の真ん中に色の黒いものがいて、動かない。矢を射ると手ごたえはあるが、①［　　］を射た感じである。

最高潮　②［　　］本射尽くすと、かぶっていたものをのけて飛びかかって来たので、残る一本で射止めた。

結末　寄って見ると③［　　］であり、かぶっていたものは鍋だった。

添加　一本添えて十一本にして出かけたのは、④［　　］を学んだ徳である。

重要古語　傍線部A・Bの本文中の意味を、それぞれ選べ。［2点×2］

A
ア 慌てて
イ 急に
ウ 静かに
エ やっぱり

［　　］

B
ア すぐれている
イ つまらない
ウ 気に食わない
エ 優雅だ

［　　］

知・技　/12
思・判・表　/38
合計　/50
目標解答時間　20分

問一 **文脈** 二重傍線部ア〜エの中から、動作の主体が異なるものを選べ。 [3点]

問二 **理由** 傍線部①のように感じられたのはなぜか。その理由がわかる箇所を、十字で抜き出せ(句読点不要)。 [6点]

問三 **理由** 傍線部②のように言う理由として適当なものを次から選べ。 [6点]

ア 暗い中で相手が次々と射る矢を身軽によけて射返したから。
イ 相手の持っている矢の数を十まで予測して身を守っていたから。
ウ 十本の矢を続けざまに射当てることができたから。
エ 残る一本の矢で見事に射止めたから。

問四 **口語訳** 傍線部③の解釈として適当なものを次から選べ。 [6点]

ア ましてや人の悪知恵には十分気をつけたほうがよい
イ そのうえ人は何事にも知恵をはたらかせようとするものだ
ウ いわんや人の知恵で考えることはたいしたことではない
エ さらに人の知恵などに頼ってはならないのだよ

問五 **内容** 波線部の正体を、七字で答えよ(句読点不要)。 [7点]

問六 **主題** この文章に続けて、「気をつけ心を配るならば、物事はよくよく成就《じょうじゅ》するものである。」と述べている。この「弓をたしなむ人」の場合、気をつけ心を配った結果何をしたか。該当する箇所を十五字以内で抜き出せ。 [6点]

文法の整理 助動詞―つ・ぬ・たり・り

◆つ・ぬ

活用

基本形	未然形	連用形	終止形	連体形	已然形	命令形	活用の型
つ	て	て	つ	つる	つれ	てよ	下二段型
ぬ	な	に	ぬ	ぬる	ぬれ	ね	ナ変型

接続 活用語の**連用形**に接続。

意味 (1)**完了** (…タ・…テシマッタ・…テシマウ)
(2)**強意(確述)** (キット…スル・…テシマウ)

◆たり・り

活用

基本形	未然形	連用形	終止形	連体形	已然形	命令形	活用の型
たり	たら	たり	たり	たる	たれ	(たれ)	ラ変型
り	ら	り	り	る	れ	(れ)	

接続 「たり」は活用語の**連用形**に接続。「り」はサ変動詞の未然形、四段動詞の**已然形**(**命令形**接続の説もある)に接続。

意味 (1)**存続** (…テイル・…テアル)
(2)**完了** (…タ・…テシマッタ)

問題演習

1 傍線部の助動詞の意味・活用形を答えよ。 [2点×4]

(1)泣きて伏せれ①ば、心惑ひぬ②。(竹取物語)
(翁が泣き伏しているので、(かぐや姫も)途方に暮れてしまった。)

(2)我も死に、聖《ひじり》も失せな③ば、尋ね聞きてん④や。(徒然草)
私も死に、聖も死んでしまったら、尋ね聞けようか、いや、きっとできないだろう。

① ・
② ・
③ ・
④ ・

6 弁内侍《べんのないし》日記

文法 助動詞―む・むず

〈見分け方〉「む」

知・技	/18
思・判・表	/32
合計	/50

目標解答時間 25分

左右に分かれ、ものを比べて優劣を競い合う遊びに「歌合《うたあはせ》」「貝合《かいあはせ》」などがあるが、ほかに、陰暦三月三日の宮中の行事として「鶏合《とりあはせ》」がある。次の文章は、後深草天皇の時代の記事である。

三日の御鶏合に、「今年は女房のも合はせらるべし。」と聞きしかば、若き女房たち、心尽くしてよき鶏ども尋ねられしに、宮内卿典侍殿《くないきやうのすけ》は、「*為教《ためのり》中将が播磨《はりま》といふ鶏を出ださん。」などぞありし。①万里小路《までのこうぢの》大納言の参らせられたる赤鶏の、*石とさかなるが、毛色も美しきを賜はりて、*空局《あきつぼね》に誇らかして置きたるを、盛有《もりあり》といふ*六位が、②「その鶏、きと参らせよ。」と言ふ。Aかまへて鶏などに*合はせらるまじきよし、よくよく言ひて参らせつ。とばかりありて、片目はつぶれ、さかより血垂り、尾抜けなどして、③見忘るるほどになりて帰りたり。おほかた思ふはかりなし。「今はBゆゆしき鶏なりとも*何かはせん。賜はりの鶏なれば、*聞きもいみじからんとこそ④思ひしに。」など、返す返す心憂くて、弁内侍、

我ぞまづ⑤音《ね》に立つばかりおぼえける*木綿付鳥《ゆふつけどり》のなれる姿に

＊為教中将が播磨といふ鶏を…為教中将の（所有する）「播磨」という（名の）鶏を（借りて）。　＊石とさかなるが、毛色も美しき…石のように堅いとさかで、毛艶《けづや》も美しい（鶏）。　＊空局に誇らかして…空いた部屋に得意になって。　＊六位…六位の蔵人《くろうど》。　＊合はせらるまじきよし…闘わせなさってはいけないということ。　＊何かはせん…どうしようもない。　＊聞きもいみじからん…評判もすばらしいだろう。　＊木綿付鳥…鶏の異名。

本文の展開　空欄にあてはまる語句を本文中から抜き出せ。［1点×4］

発端　三日の御鶏合に、今年は ① の鶏も出場させなさると聞いて、若い女房たちは心を尽くしてよい鶏を探し求めていた。

展開　とさかも毛色も見事な赤鶏を主上からいただいていたが、 ② を通して献上させられた。

結末　しばらくして、 ③ はつぶれ、とさかから血が垂れ、尾が抜けなどして帰って来たので、 ④ ような思いを歌によんだ。

重要古語　傍線部A・Bの本文中の意味を、それぞれ選べ。［2点×2］

A
ア　無理をして
イ　工夫をして
ウ　決して
エ　囲いをして

B
ア　立派な
イ　不吉な
ウ　たいしたことのない
エ　数の多い

問一 文脈 傍線部①において、(A)「主上(帝)に」、(B)「主上(帝)から」の意を補って解釈すべき被修飾句を、一文節で抜き出せ。 [4点×2]

(A)

(B)

問二 口語訳 傍線部②の解釈として適当なものを次から選べ。 [5点]

ア その鶏を、必ず御前の鶏合に参加させなさい。
イ その鶏を、ちょっと私のところへ貸し出しなさい。
ウ その鶏を、しっかりとつかまえて御前に連れて来なさい。
エ その鶏を、すぐに主上のもとへ差し上げなさい。

問三 理由 傍線部③について、なぜ「見忘るるほど」であったのか。その理由として適当なものを次から選べ。 [5点]

ア 自分の鶏とは思えないほど哀れな姿を見て、忘れたかったから。
イ 鶏の被害が予想以上で、もとの姿が思い出せなかったから。
ウ 鶏合には使わないように言ってあったので、これはもとの鶏ではあるまいと思ったから。
エ 鶏の姿が変わり果てて、もとの姿と違っていたから。

問四 内容 傍線部④にこめられた心情を口語形容詞で表すとどのようになるか。五字以内で答えよ。 [5点]

問五 表現 傍線部⑤において、作者が「大声をあげて泣く」ことを「音に立つ」と表現したのは、どの言葉の縁語によるものか。該当する語を歌の中から抜き出せ。 [5点]

問六 知識 「鶏合」とは何を競うのか。適当なものを次から選べ。 [4点]

ア 育ちのよさ　イ けんかの強さ
ウ 姿の美しさ　エ 鳴き声のよさ

文法の整理　助動詞―む・むず

活用

基本形	未然形	連用形	終止形	連体形	已然形	命令形	活用の型
む	(ま)	○	む〈ん〉	む〈ん〉	め	○	四段型
むず	○	○	むず〈んず〉	むずる〈んずる〉	むずれ〈んずれ〉	○	サ変型

接続 活用語の**未然形**に接続。

意味
(1) **推量** (…ウ・…ヨウ・…ダロウ)
(2) **意志** (…ウ・…ヨウ・…ツモリダ)
(3) **適当・勧誘** (…ベキダ・…ノガヨイ・…タラドウダ)
(4) **仮定** (…トシタラ)
(5) **婉曲** (…ヨウナ)

文中の連体形「む」は、仮定か婉曲の場合が多い。適当・勧誘の場合は、「こそ……め」「なむ」「てむ」の形をとることが多い。

問題演習

1 傍線部の助動詞の意味と活用形を答えよ。 [2点×5]

(1) 今はゆゆしき鶏なりとも何かはせん①。(7行)

(2) 第一の人に、また一に思はれむ②とこそ思はめ③。(枕草子)
第一に思う人に、自分もまた第一に思われようと思うのがよい。

(3) 足の向きたらむ④方へ往なむず⑤。(竹取物語)
足の向いたようなほうへ行こう。

① ・
② ・
③ ・
④ ・
⑤ ・

7 花月草紙《くわげつさうし》

奈良時代 | 平安時代 | 鎌倉時代 | 室町時代 | 江戸時代（花月草紙）

700 800 900 1000 1100 1200 1300 1400 1500 1600 1700 1800 1900

文法 助動詞―らむ・けむ

『花月草紙』の各巻の話の多くは、教訓的色彩の強い文章であるが、その中にあってこの「鳶《とび》の子」の話は教訓を感じさせない。鳶の親子に対する作者の情愛があふれた文章である。

*鳶の子の巣立ちするころ、兄鳥の巣より飛び出でしに、弟のは、羽もいまだ整はざるを①知らで、つひに飛びたれば、梢《こずゑ》より落ちてけり。親鳥いかに思へども、形ははや親にまさるばかりに、羽のふくらかに生ひ立ちたれば、せんかたなく巣に入りて呼べども、もとより②飛び得ざれば、立ち返るべきやうなし。二、三日たちて③見るに、同じ所にうづくまりゐたり。捕らへて見れば、動きもやらず、いと飢ゑに飢ゑたるさまなれば、一夜さまざま餌《ゑ》を与へてけり。明けの日は、餌をやらんとすれば、恐ろしき姿しておどす。昨日は飢ゑてければ、④その心も出で来ざりしと見えし。人をおどすはAにくけれども、このままにして殺さんも忍びずとて、Bはぐくみやりけり。二十日ばかりたちてければ、羽もよく整ひぬ。⑤さらばとて、もとの木陰に連れ行きて、籠よりやをら⑥出だしたれば、おのれからうじて逃げ出でしさまして飛び行きぬ。親鳥も人のかくしてかく放ちしは知らず、かしこく籠を逃れ出でしと⑦心得しさまして、連れていにけり。

*鳶…ワシタカ科の大型の鳥。とんび。

本文の展開 空欄にあてはまる語句を本文中から抜き出せ。［1点×4］

発端 兄鳥の［①　　］をまね、弟鳥が羽の不ぞろいも構わず飛んだので、梢から落ちた。

展開(一) 二、三日たつと、うずくまり、ひどく［②　　］ていたので餌をやった。

展開(二) 明くる日、餌をやろうとすると、生意気におどすが、見殺しにもできず、［③　　］てやった。

結末 二十日ばかりたち、もとの木陰で籠から放つと、飛んで行き、［④　　］が連れて行った。

重要古語 傍線部A・Bの本文中の意味を、それぞれ選べ。［2点×2］

A
ア みにくい
イ 恐ろしい
ウ 大嫌いだ
エ 生意気だ
［　　］

B
ア 餌を与える
イ 知らん顔をする
ウ 養い育てる
エ 連れ帰る
［　　］

知・技 /12

思・判・表 /38

合計 /50

目標解答時間 20分

問一 文脈 傍線部①・③・⑦の主語として適当なものを、それぞれ次から選べ。 [3点×3]

ア 作者　イ 親鳥　ウ 兄鳥
エ 弟鳥　オ 一般の人

① [　　] ③ [　　] ⑦ [　　]

問二 理由 傍線部②について、「飛ぶことができない」とあるが、それはなぜか。その理由として適当な箇所を、十字以内で抜き出せ。 [5点]

[　　　　　　　　　　]

問三 内容 傍線部④は、どのような気持ちか。適当なものを次から選べ。 [5点]

ア 人をおどそうとする気持ち。　イ 餌を食べようとする気持ち。
ウ 巣を飛び出ようとする気持ち。
エ 巣に立ち返ろうとする気持ち。

[　　]

問四 内容 傍線部⑤について、「さらば」のあとに言葉を補って、わかりやすく十五字以内で口語訳せよ(句読点不要)。 [5点]

[　　　　　　　　　　　　　　　]

問五 口語訳 傍線部⑥の解釈として適当なものを次から選べ。 [5点]

ア 急いで手を出したところ　イ そっと外に出してやると
ウ 無理やり出て行ったので
エ 突然追い出したら

[　　]

問六 主題 弟鳥に対する作者の情愛の念が最もよく示された箇所はどこか。その箇所を含む一文を抜き出し、初めの五字で答えよ。 [5点]

[　　　　　]

文法の整理　助動詞―らむ・けむ

◆らむ

活用

基本形	未然形	連用形	終止形	連体形	已然形	命令形	活用の型
らむ〈らん〉	○	○	らむ〈らん〉	らむ〈らん〉	らめ	○	四段型

接続　活用語の**終止形**に接続。(ラ変型には**連体形**に接続。)

意味
(1) **現在推量**　(今ゴロハ…テイルダロウ)
(2) **現在の原因推量**　(…ダカラダロウ)
(3) **現在の伝聞**　(…トカイウ・…ソウダ)
(4) **現在の婉曲**　(…テイルヨウナ)

◆けむ

活用

基本形	未然形	連用形	終止形	連体形	已然形	命令形	活用の型
けむ〈けん〉	○	○	けむ〈けん〉	けむ〈けん〉	けめ	○	四段型

接続　活用語の**連用形**に接続。

意味
(1) **過去推量**　(…タダロウ・…ダッタロウ)
(2) **過去の原因推量**　(…ダッタノダロウ)
(3) **過去の伝聞**　(…タトカイウ・…タソウダ)
(4) **過去の婉曲**　(…タヨウナ・…タト思ワレル)

問題演習

1 傍線部の助動詞の意味と活用形を答えよ。 [2点×4]

(1) 子泣く①らむそれその母も吾《あ》を待つ②らむそ　(万葉集)

(2) 罪せられ③けん、いかにくやしかり④けん。(宇治拾遺物語)
罰せられたとかいうことは、どんなにか悔しかっただろう。

① [　・　] ② [　・　]
③ [　・　] ④ [　・　]

8 土佐日記《とさ》

文法 助動詞―べし

〈見分け方〉「べし」

知・技 /25
思・判・表 /25
合計 /50
目標解答時間 25分

九三五年（承平五）一月九日、藤原ときざね・橘《たちばなの》すゑひら・長谷部《はせべの》ゆきまさたちが見送る中、紀貫之一行が土佐大湊《おおみなと》から奈半《なは》の港を目ざして出航した。

これより、今は漕《こ》ぎ離れて行く。これを見送らむとてぞ、この人どもは追ひ来ける。かくて、*漕ぎ行くまにまに、海のほとりにとまれる人も遠くなりぬ。船の人も見えずなりぬ。*岸にも言ふことあるべし。船にも①思ふことあれど、かひなし。かかれど、この歌をひとり言にして、*やみぬ。

思ひやる心は海を渡れども②ふみしなければ知らずやあるらむ

かくて、*宇多《うだ》の松原を行き過ぐ。その松の数Aいくそばく、幾千年《いくちとせ》経たりと知らず。本《もと》ごとに波うち寄せ、枝ごとに鶴《つる》ぞ飛びかよふ。おもしろしと見るにたへずして、*船人《ふなびと》のよめる歌、

見渡せば松のⓐうれごとに住むⓑたづは千代のBどちとぞ思ふべらなる

とや。③この歌は、所を見るに、えまさらず。

*漕ぎ行くまにまに…漕いで行くにつれて。　*岸にも…岸にいる人にも。　*やみぬ…終わってしまった。　*宇多の松原…今の高知県香美《かみ》市赤岡《あかおか》町あたりの海岸と考えられているが、未詳。
*船人…同船している人。ここでは紀貫之をさす。

本文の展開　空欄にあてはまる語句を本文中から抜き出せ。［1点×4］

「思ひやる」の歌をよむ　いよいよ漕ぎ離れて、①□の人も②□の人も次第に遠くなっていく。互いに言いたいことはあるが、ひとり言のようにして歌をよんだ。

「見渡せば」の歌をよむ　宇多の松原を過ぎて行くと、波の寄せる松の枝々に鶴が舞っている。感に堪えず、③□が歌をよんだが、④□の美しさには及ばない。

重要古語　傍線部A・Bの本文中の意味を、それぞれ選べ。［2点×2］

A
ア たいへん美しく
イ どれくらい数多く
ウ どれをとってみても
エ とても清楚《せいそ》で

B
ア 過去
イ 仲間
ウ 歳月
エ 年齢

問一 理由 傍線部①のように思う理由を、十五字以内で簡潔に答えよ。〔5点〕

問二 表現 傍線部②は掛詞である。二つの意味を、漢字を用いて説明せよ。〔3点×2〕

（　　）と（　　）との掛詞

問三 語句 二重傍線部ⓐ・ⓑは、どういう意味か。本文中の言葉で答えよ。〔3点×2〕

ⓐ（　　）　ⓑ（　　）

問四 口語訳 傍線部③の解釈として適当なものを次から選べ。〔5点〕

ア この歌によまれた宇多の松原の景色は、たいしたことはない
イ この歌によまれた松を見ると、鶴はそれほど多く飛んでいない
ウ この歌は、実際の景色を見ると、とても及ばない
エ この歌は、岸を見てよんだにしては、すぐれていない

問五 主題 この文章の前半は惜別の情が述べられているが、後半はどのような心情が述べられているか。本文中の形容詞で答えよ。〔5点〕

問六 知識 この文章では、人々の心や風景の描写において、巧みな表現技法を繰り返し用いている。その表現技法として適当なものを次から選べ。〔3点〕

ア 擬人法　**イ** 対句法
ウ 倒置法　**エ** 比喩法

文法の整理　助動詞―べし

活用

基本形	未然形	連用形	終止形	連体形	已然形	命令形	活用の型
べし	べく べから	べく べかり	べし	べき べかる	べけれ	○	形容詞型

接続 活用語の**終止形**に接続。（ラ変型には**連体形**に接続。）

意味
(1)推量（…ニチガイナイ・…ソウダ・…ダロウ）
(2)意志（…ウ・…ヨウ・…ツモリダ）
(3)適当（…ノガヨイ・…ノガ適当ダ）
(4)当然・義務（…ハズダ・…ナケレバナラナイ・…ベキダ）
(5)強い勧誘・命令（…ベキダ・…セヨ）
(6)可能（…デキル・…デキルハズダ）

問題演習

1 傍線部の助動詞の意味・活用形を答えよ。〔2点×6〕

(1) さりぬ①べき折を見て対面す②べくたばかれ。（源氏物語）
ちゃんとした機会を見て対面できるように工夫してくれ。

(2) 祝ふ③べき日などは、あさましかりぬ④べし。（徒然草）
祝意を表さなければならない日などは、（酔いつぶれるのは）全くあきれたことだろう。

(3)「なんぢが髻《もとどり》と思ふ⑤べからず、主《しゅう》の髻と思ふ⑥べし。」（平家物語）
「おまえの髻と思うな、主人の髻と思え。」

①（　・　）　②（　・　）
③（　・　）　④（　・　）
⑤（　・　）　⑥（　・　）

伊勢《いせ》物語

文法　助動詞―まし・らし

伊勢物語
奈良時代｜平安時代｜鎌倉時代｜室町時代｜江戸時代
700　800　900　1000　1100　1200　1300　1400　1500　1600　1700　1800　1900

源融《みなもとのとおる》の邸宅は六条河原院《ろくじょうかわらのいん》といい、庭園は奥州松島湾内にある名所塩釜《しおがま》の景をうつして風流を凝らしていた。難波《なにわ》の浦から毎日池に海水を汲み入れ、塩焼く煙を立たせて楽しんだという。

昔、*左の大臣《おほいまうちぎみ》いまそかりけり。*賀茂川《かもがは》のほとりに、六条わたりに、家をいとおもしろく造りて住み給ひけり。神無月《かんなづき》のつごもりがた、菊の花Aうつろひ盛りなるに、紅葉の*ちぐさに見ゆる折、親王《みこ》たち①おはしまさせて、②夜ひと夜酒飲みし、遊びて、夜明けもてゆくほどに、この殿のおもしろきをほむる歌よむ。そこにありける*翁《おきな》、板敷《いたじき》の下にはひありきて、人にみなよませ果てて③よめる。

④*塩釜にいつか来にけむ*朝なぎに⑤釣りする舟はここに寄らなむ

となむよみけるは。*陸奥《みち》の国に行きたりけるに、あやしくおもしろき所々多かりけり。*わがみかど六十余国《よこく》の中に、塩釜といふ所に似たる所なかりけり。さればなむ、かの翁さらに⑥ここをBめでて、塩釜にいつか来にけむとよめりける。

*左の大臣…源融のこと。　*賀茂川…京都市の東部を南北に流れ、桂川《かつらがわ》に注ぐ川。　*ちぐさに…さまざまな色に。　*翁…在原業平《ありわらのなりひら》をさす。　*塩釜…今の宮城県にある港。景色がよいことで有名。　*朝なぎ…朝方に海上の風がやんで、波も静まること。　*陸奥の国…奥羽地方。　*わがみかど…帝のお治めになるわが国の意。

本文の展開　空欄にあてはまる語句を本文中から抜き出せ。［1点×4］

- 発端　左大臣は賀茂川あたりに、御殿を実に ① 造って住まわれた。
- 展開　十月の下旬、菊や紅葉の盛りのころ、 ② を招いて酒宴を開き、この殿の趣をたたえる歌をよんだ。
- 結末　末席の ③ が、御殿の趣を塩釜の景そのままだとよんだ。
- 補足　老人は ④ に行って塩釜の美景を見ていて、御殿の趣をめでて「塩釜に……」とよんだのだ。

重要古語　傍線部A・Bの本文中の意味を、それぞれ選べ。［2点×2］

A
ア　反射し
イ　転じ
ウ　色づき
エ　散っていき

B
ア　珍しく思い
イ　ほめ
ウ　訪れ
エ　探しあて

知・技　/12
思・判・表　/38
合計　/50
目標解答時間　25分

問一 文脈 傍線部①・③の主語を、それぞれ抜き出せ。〔4点×2〕

① 　③

問二 口語訳 傍線部②を口語訳せよ。〔5点〕

問三 内容 傍線部④はどういうことをいったものか。その説明として適当なものを次から選べ。〔6点〕

ア いつの日かあのすばらしい塩釜にやって来ようということ。

イ いったいいつの間に塩釜に来てしまったのだろうかと思うほどすばらしいということ。

ウ いつかはすばらしい塩釜に来ることができると思っていたこと。

エ いつの日にかあのすばらしい塩釜にやって来ようと思っていたから、来てしまったのだろうということ。

問四 理由 傍線部⑤に「釣りする舟はここに寄ってほしい」とあるが、なぜか。その理由として適当なものを次から選べ。〔5点〕

ア ますます風趣が加わるから。 **イ** ここから釣りに出たいから。

ウ 美しい場所で釣りがしたいから。

エ ここには魚がたくさんいるから。

問五 文脈 傍線部⑥はどこをさすか。適当なものを次から選べ。〔5点〕

ア この殿 **イ** 塩釜

ウ 陸奥の国 **エ** 六十余国

問六 文脈 『伊勢物語』には、後の人が付け加えたと思われる解説がよく見られる。該当する箇所を抜き出し、初めの五字で答えよ。〔5点〕

文法の整理 助動詞—まし・らし

◆まし

活用

基本形	未然形	連用形	終止形	連体形	已然形	命令形	活用の型
まし	ましか〈ませ〉	○	まし	まし	ましか	○	特殊型

接続 活用語の**未然形**に接続。

意味 **(1)反実仮想** （モシ〜ダッタラ…ダロウニ）

(2)実現不可能な希望 （…ダッタラヨカッタノニ）

(3)迷い・ためらい （…タラヨカロウカ）

◆らし

活用

基本形	未然形	連用形	終止形	連体形	已然形	命令形	活用の型
らし	○	○	らし	らし（らしき）	らし	○	特殊型

接続 活用語の**終止形**に接続。（ラ変型には**連体形**に接続。）

意味 **(1)（根拠のある）推定** （…ラシイ・…ニチガイナイ）

問題演習

1 傍線部の助動詞「まし」の反実仮想の意味に注意して、事実はどうであったかを答えよ。〔4点〕

やがてかけこもらましかば、くちをしからまし。（徒然草）

もしすぐさま掛け金を掛けて（部屋に）引きこもったなら、（情緒もなく）残念だったろうに。

2 傍線部の推定の根拠となる部分を抜き出せ。〔4点〕

深山《みやま》には霰《あられ》降るらし外山《とやま》なる正木《まさき》の葛《かづら》色づきにけり （古今集）

奥山では霰が降るらしい。里近くの山の正木の葛が色づいたよ。

奈良時代｜平安時代｜鎌倉時代｜室町時代｜江戸時代（たはれ草）
700　800　900　1000　1100　1200　1300　1400　1500　1600　1700　1800　1900

10 たはれ草

文法 助動詞―なり・めり

「らし」「めり」「なり」の違い

作者は、庶民の子も金持ちの子も生まれ持った肉体的・精神的な本性に変わりはなく、子育てのしかたが子供に影響を与えていると述べている。現代にも通じるところがあると言えるだろう。

をさな子を育つる道は、はひまはるときよりむしろの上に置きて、心のままにははせ、足すでに立ちたるときは、ⓐ心次第に走りまはらせ、をさな子は、肌着、袴《はかま》を*帛《きぬ》にせずといへる教へにしたがひ、着るものは薄きかたにし、風にも日にも当たりて、外がちに遊び、食ひ物は①すぐるこそはあしけれど、②おほかたはその心にしたがひてこそ、病《やまひ》もなく、すこやかにA生ひ立つべきに、富貴の家に生まれしをさな子は、*かしづき、守《もり》などいへる者、おびただしくつきそひ、「風邪ひき給ふべきや。」「御腹そこねさせ給はんや。」または「③御けがなどもや。」と言ひて、やはらかなるものを幾重も着せ、食ひ物は秤《はかり》にてかけなどし、はひまはるときをはじめ、いだきすくめて、ⓑ御内がちにのみすれば、足のはたらきも④おのづから遅く、*うち痩せ、ほかもろく、思ひよらざる病起こりて、育ちがたきのみ多し。Bくすしは言ふにや及ぶ、乳母《めのと》、守《もり》、またはかしづきまで、かくはすまじきことと思へるもあれど、⑤もしは御いたみありてはと、その身のことのみ思ひて、言ひも出ださず。

*帛…光沢のある絹布や厚地の絹織物。　*かしづき、守などいへる者…養育係、子守などという者。
*うち痩せ、ほかもろく…体は痩せ、外部に対する抵抗力は弱く。

本文の展開

空欄にあてはまる語句を本文中から抜き出せ。［1点×4］

主題 幼児を育てる方法

▼一般の子　自由にはわせ、走り回らせ、薄着にし、①□に遊ばせ、思いのままに食べさせてこそ、②□に育つものである。

▼金持ちの子　守り役が③□や腹下しやけがを気にして厚着をさせ、食べる量を量り、屋内で育てるので、④□にもかかりやすい。守り役も悪いと知りながら口にしない。

重要古語

傍線部A・Bの本文中の意味を、それぞれ選べ。［2点×2］

A
ア 成長する
イ 養育する
ウ 助長する
エ 教育する
□

B
ア 家庭教師
イ 祈禱師《きとうし》
ウ 医者
エ 変わり者
□

知・技 /12
思・判・表 /38
合計 /50
目標解答時間 20分

問一 口語訳 傍線部①を口語訳せよ。 ［4点］

問二 内容 傍線部②の解釈として適当なものを次から選べ。 ［4点］

ア 大体は親の考えに従って　イ 一般的に常識に従って

ウ 大抵の人は自分の思いどおりにして

エ 大体は子供の望むとおりにして

問三 内容 傍線部③と⑤では、守り役の心情に違いがある。その違いを説明した次の文の空欄に、それぞれ二字の言葉を漢字で補え。 ［4点×2］

・前者は幼児の身の［A］を心配した言葉であるが、後者はわが身にかかる［B］を心配した言葉である。

A　B

問四 理由 傍線部④の原因と作者が考えているものを次から選べ。 ［4点］

ア 偏食　イ 放任　ウ 肥満　エ 過保護

問五 文脈 この文章は、比較対比の叙述の進め方により、結論の妥当性を明示している。二重傍線部ⓐ・ⓑと対比される叙述を、それぞれ六字以内で抜き出せ。 ［3点×2］

ⓐ　ⓑ

問六 内容 本文の内容と合致するものを、次から二つ選べ。 ［4点×2］

ア 幼児はできるだけ抱くようにして愛情を注いでやる。

イ 幼児には窮屈な衣服を着せず、その活動を自由にしてやる。

ウ 幼児を丈夫に育てるには、風邪をひかせてはいけない。

エ 幼児には外で遊ぶことが必要である。

オ 幼児には何でも欲しがるものを与えてやる。

文法の整理　助動詞―なり・めり

◆**なり**

活用

基本形	未然形	連用形	終止形	連体形	已然形	命令形	活用の型
なり	○	なり	なり	なる	なれ	○	ラ変型

接続　活用語の**終止形**に接続。（ラ変型には**連体形**に接続。）

意味　**(1)推定**（…ヨウダ・…ラシイ・…ニチガイナイ）

(2)伝聞（…トイウコトダ・…ソウダ）

推定の用法の多くは、声・音によって判断している。

◆**めり**

活用

基本形	未然形	連用形	終止形	連体形	已然形	命令形	活用の型
めり	○	（めり）	めり	める	めれ	○	ラ変型

接続　活用語の**終止形**に接続。（ラ変型には**連体形**に接続。）

意味　**(1)推定**（…ヨウニ見エル・…ヨウダ）

(2)婉曲（…ヨウダ）

推定の場合、目で見た事柄に基づく視覚的推定が多い。

問題演習

1 傍線部の助動詞の意味・活用形を答えよ。 ［4点×2］

(1) 男もすなる日記《にき》といふものを、女もしてみむとて、（土佐日記）

男性が書くという日記というものを、女性である私も書いてみようと思って、

・

(2) 恐ろしと思ひつるにこそあるめれ。（今昔物語集）

（男が震えているのは）恐ろしいと思ったからであるようだ。

・

11

今鏡《いまかがみ》

文法 助動詞—ず

常陸守実宗《ひたちのかみさねむね》は藤原資宗《すけむね》の子で、最終官職陸奥守《むつのかみ》在任中に死去したことが、公的記録にわずかに残っているのみ。本文の医師《くすし》雅忠《まさただ》と陰陽師《おんみょうじ》有行《ありゆき》の出来事を目撃し、伝えたことで、後世に名を残した。

常陸守*実宗と聞こえし人、医師に尋ぬべきことありて、雅忠*がもとに行けりけるに、①「しばし。」とて、障子《さうじ》の外《ほか》に据ゑたりけるに、②客人《まらうど》饗応《きやうよう》*しける間に、門《かど》より入り来る病人《やまひびと》を、かねて顔けしきを見て、「これは*その病を問ひに来る者なり。」と言ひて、尋ぬれば、まことにしかありけり。その中に、見苦しきこともあり、をかし*きこともありて、え言ひやらねば、③「みな心得たり。」など言ひて、Aつくろふべきやうなど言ひつつ、Bあへしらひやりけるに、客人は有行*なりけり。④家主《いへあるじ》、杯《さかづき》取りたるを、「とくその御酒《みき》召せ。ただ今ゆゆしき地震《なゐ》の振らむずれば、うちこぼし給ひてむず。」と言ふに、⑤さしもやはとや思ひけむ、急がぬほどに、地震おびたたしく振りて、はたと*ひとしき酒をうちこぼしてけり。⑥「あさましきことどもを聞きたりし。」とぞ語りける。

*常陸守…今の茨城県の国守。　*雅忠…丹波《たんばの》雅忠。医療をつかさどる役所の長官「典薬頭《てんやくのかみ》」であった。　*饗応し…(酒食を用意して)もてなし。　*これはその病を問ひに来る…この人はしかじかの病気について尋ねにやって来た。　*をかしきこともありて…妙な症状もあって。　*有行…安《あ》倍《べの》有行。吉凶を占う役所の博士「陰陽博士」であった。　*はたとひとしき酒をうちこぼしてけり…突然なみなみとついだ酒をこぼしてしまった。

本文の展開

空欄にあてはまる語句を本文中から抜き出せ。［1点×4］

前半 実宗が医師に尋ねたいことがあって雅忠を訪れた折、雅忠は襖《ふすま》の外に実宗を待たせ、客人をもてなしながら、門から入って来る病人の［①　　］を見て病状を診断し、［②　　］方法を指導して帰した。

後半 雅忠が［③　　］を手に取ると、有行が「早く［④　　］。地震が起こる。」と言った。そのとおり、激しく揺れ、雅忠は酒をこぼした。実宗が二人にまつわる驚きあきれた体験を語った。

重要古語

傍線部A・Bの本文中の意味を、それぞれ選べ。［2点×2］

A　ア 工夫する　イ 修繕する　ウ 接待する　エ 治療する　［　　］

B　ア 応対する　イ 口論する　ウ 命令する　エ 挨拶する　［　　］

知・技　/11

思・判・表　/39

合計　/50

目標解答時間　25分

問一 理由 傍線部①において、雅忠が「しばらく」と言って、実宗を襖の外で待たせたのはなぜか。十五字以内で説明せよ。 [4点]

問二 内容 傍線部③について、何を「理解した」と言っているのか。六字以内で簡潔に答えよ(句読点不要)。 [5点]

問三 文脈 傍線部②・④は、それぞれ誰をさすか。適当なものを次から選べ。 [4点×2]

ア 実宗　イ 雅忠
ウ 有行　エ 病人

②　④

問四 内容 傍線部⑤の解釈として適当なものを次から選べ。 [4点]

ア まさか地震などあるまい
イ それほど大きな地震でもあるまい
ウ 地震が来ようとも酒をこぼすようなことはあるまい
エ もしかしたら言うように地震があるかもしれない

問五 内容 傍線部⑥について、この話で何が「意外であきれたこと」であるのか。それぞれ十二字以内で二点答えよ。 [5点×2]

①
②

問六 主題 この話の趣旨と合致するものを次から選べ。 [4点]

ア 思わぬ障害にあう、人の交わりの難しさ
イ 笑いのかげにひそむ、虚無的な人生観
ウ 油断大敵、名人の重ね重ねの失敗
エ 優劣のつけがたい、達人の道の極致

文法の整理　助動詞―ず

活用

基本形	未然形	連用形	終止形	連体形	已然形	命令形	活用の型
ず	ず	ず	ず	ぬ	ね		特殊型
	ざら	ざり		ざる	ざれ	ざれ	

接続 活用語の**未然形**に接続。

意味 **(1)打消**（…ナイ）

奈良時代には、未然形に「な」、連用形に「に」があったが、平安時代以降は「なくに」の形で、未然形「な」のみが和歌に用いられた。

問題演習

1 傍線部の打消の助動詞の活用形を答えよ。 [1点×7]

(1) 人の心素直ならね①ば、偽りなきにしもあらず②。（徒然草）
人の心は素直でないから、偽りがないわけではない。

①　②

(2) 照りもせず③曇りも果てぬ④春の夜の朧月夜《おぼろづきよ》にしくものぞなき（新古今集）
照るでもなく、曇りきるでもない春の夜の朧月に及ぶものはないことだ。

③　④

(3) 鳥にあらざれ⑤ば、その心を知らず⑥。（方丈記）
鳥ではないので、鳥の心はわからない。

⑤　⑥

(4) 夢と知りせばさめざら⑦ましを（古今集）
夢だとわかっていたら、さめなかったのになあ。

⑦

12 方丈記《はうぢやうき》

日野山に方丈の庵《いほり》を結んだ作者鴨長明《かものちやうめい》が、そこで思う自己の生活信条を述べたくだりである。心を安らかに保つためには、どうすべきだと考えているかを読み取ろう。

*それ、人の友とあるものは、富めるをたふとみ、*ねんごろなるを先《さき》とす。必ずしも、情けあると、*素直なるとをば①愛せず。ただ、*糸竹《しちく》・*花月《くわげつ》を友とせんにはしかじ。人の*奴《やつこ》たるものは、*賞罰《しやうばつ》はなはだしく、*恩顧厚きを先とす。②さらに、はぐくみあはれむと、安く静かなるとをば願はず。［A］、③わが身を奴婢《ぬび》とするにはしかず。いかが奴婢とするとならば、［B］、なすべきことあれば、［C］おのが身を使ふ。④たゆからずしもあらねど、人を従へ、人をA顧《かへり》みるより安し。もし、ありくべきことあれば、みづから歩む。苦しといへども、馬・鞍《くら》・牛・車と、心を悩ますにはしかず。今、一身を分かちて、二つの用をなす。手の奴、足の乗り物、よくわが心にかなへり。心、身の苦しみを知れれば、苦しむときは休めつ。Bまめなれば使ふ。使ふとても、［D］過ぐさず。もの憂しとても、心を動かすことなし。

*それ…そもそも。接続詞。
*ねんごろなる…親切な。ただしここは、表面的に親切という意味。
*素直なる…率直で正直な人。
*糸竹…「糸」は琴・琵琶《びわ》の類、「竹」は笙《しょう》・笛の類で、楽器の総称。音楽。
*花月…自然の風物。
*奴…使用人。
*賞罰…単に「賞」というのと同じ。
*恩顧…物質的な面での恵み。

文法 助動詞―じ・まじ
「む」「べし」「じ」「まじ」の関係

知・技 /12
思・判・表 /38
合計 /50
目標解答時間 25分

本文の展開

空欄にあてはまる語句を本文中から抜き出せ。［1点×4］

総論 世間の友人においては［①　］や親切を重んじ、使用人においては褒賞や［②　］を重んじるので、音楽や［③　］を友とし、自分自身を使用人とするのがよい。

具体論 自分自身を使用人とするというのは、自分の手や足を使うことで、苦しいときは休めるし、度を過ごして使うこともなく、［④　］をいらだたせることもない。

重要古語

傍線部A・Bの本文中の意味を、それぞれ選べ。［2点×2］

A
ア 反省する
イ 尊敬する
ウ 手本にする
エ 世話する
［　］

B
ア 誠実である
イ 達者である
ウ 実用的である
エ 役に立つ
［　］

問一 文脈 空欄A〜Dに入る言葉をそれぞれ次から選べ。［2点×4］

ア もし　イ すなはち　ウ たびたび　エ ただ

A　B　C　D

問二 文脈 この文章は、「人の友……」「人の奴……」とが対句になっており、文の構成がよく似ているが、傍線部①・②に対応している言葉はどれか。それぞれ抜き出せ。［3点×2］

①　②

問三 内容 傍線部③は、具体的にはどのようなことをするのか。七字以内で二箇所抜き出せ(句読点不要)。［3点×2］

問四 内容 傍線部③のように「わが身を奴婢とする」利点を、十字以内で説明せよ。［5点］

問五 口語訳 傍線部④の解釈として適当なものを次から選べ。［4点］

ア 怠けているわけではないが
イ 煩わしくないわけではないが
ウ 気がきかぬわけではないが
エ 油断しないわけではないが

問六 主題 この文章は、作者の生活信条を述べたものである。作者が望んだ生活として適当なものを次から選べ。［5点］

ア 「富める」生活　イ 「恩顧厚き」生活
ウ 「安く静かなる」生活　エ 「人を顧みる」生活

文法の整理 助動詞―じ・まじ

◆じ

活用

基本形	未然形	連用形	終止形	連体形	已然形	命令形	活用の型
じ	○	○	じ	(じ)	(じ)	○	特殊型

接続 活用語の**未然形**に接続。

意味 (1)**打消推量**(…ナイダロウ・…マイ)
(2)**打消意志**(…マイ・…ナイツモリダ)

◆まじ

活用

基本形	未然形	連用形	終止形	連体形	已然形	命令形	活用の型
まじ	まじく(まじから)	まじく まじかり	まじ	まじき まじかる	まじけれ	○	形容詞型

接続 活用語の**終止形**に接続。(ラ変型には**連体形**に接続。)

意味 (1)**打消推量**(…ナイダロウ・…マイ)
(2)**打消意志**(…マイ・…ナイツモリダ)
(3)**禁止・不適当**(…テハナラナイ)
(4)**打消当然**(…ベキデハナイ・…ハズガナイ)
(5)**不可能推量**(…デキソウニナイ)

問題演習

1 傍線部の助動詞の意味・活用形を答えよ。［4点×2］

(1) ただ、糸竹・花月を友とせんにはしかじ。(2行)

・

(2) この女見では、世にあるまじき心地のしければ、(竹取物語)
この女と結婚しないでは、この世に生きていることができそうにない気持ちがしたので、

・

13

更級《さらしな》日記

文法　助動詞―なり・たり

父の赴任した上総《かずさ》の国（今の千葉県）で十代前半を過ごした作者は、姉と継母の影響を受けて物語に憧れ、文学に眼《め》を開いた。姉も作者に劣らず浪漫的な人であったらしい。

その五月のついたちに、①姉なる人、子生みてなくなりぬ*。よそのことだに、をさなくよりいみじくあはれと思ひわたるに、②まして言はむ方なく、あはれ、かなしと思ひ嘆かる。母などはみななくなりたる方にあるに、形見にとまりたるをさなき人々を左右《ひだりみぎ》に臥《ふ》せたるに、荒れたる板屋のひまAより月の漏り来て、児《ちご》の顔に当たりたるが、③いとゆゆしくおぼゆれば、袖をうち覆ひて、いま一人をもかき寄せて、④思ふぞいみじきや。

⑤そのほど過ぎて、親族《しぞく》なる人のもとより、「昔の人の、必ず求めておこせよとありしかば、求めしに、その折はえ見出でずなりにしを、今しも人のおこせたるが、あはれにかなしきこと。」とて、かばねたづぬる宮*といふ物語をおこせたり。⑥まことにぞあはれなるや。かへりごとBに、

うづもれぬかばねを何にたづねけむ苔《こけ》の下には身こそなりけれ

*なくなりぬ…一〇二四年（治安四）、作者十七歳のとき、姉は二人の女児を残して死んだ。

*かばねたづぬる宮といふ物語…平安時代に作られた物語だが、散逸してしまい、現存しない。推測される内容は、主人公の三宮《さんのみや》が、自分との仲をはかなんで入水した恋人の屍《かばね》（死体）を探すが見つからず、ついに出家して恋人の成仏を願うという悲恋の物語らしい。

本文の展開

空欄にあてはまる語句を本文中から抜き出せ。［1点×4］

前段　姉の死

▼発端　五月一日、姉が子を生んで亡くなった。①［　　］と思い嘆かれた。

▼展開(一)　荒れた板ぶき屋根から月の光が漏れて顔に当たっている②［　　］を、かき寄せて案じた。

後段　姉が求めた物語

▼展開(二)　取り込みが過ぎて、③［　　］から、姉が探し求めていた「かばねたづぬる宮」という④［　　］が届いた。

▼結末　歌をよんで返した。

重要古語

傍線部A・Bの本文中の意味を、それぞれ選べ。［2点×2］

A　ア 上　イ 斜め　ウ 屋根　エ すきま　［　　］

B　ア 報告　イ 返事　ウ 返礼　エ 伝言　［　　］

知・技　/14
思・判・表　/36
合計　/50
目標解答時間　25分

問一 **文脈** 本文中に、傍線部①「姉なる人」の言葉がある。十字以内で抜き出せ。〔4点〕

問二 **文脈** 傍線部②の後に省略されている言葉を十字以内の現代語で答えよ。〔6点〕

問三 **理由** 傍線部③について、なぜそう思うのか。適当なものを次から選べ。〔5点〕

ア 家が荒れ果てていたから。　**イ** 幼児の顔色が青白く見えたから。
ウ 孤独な気持ちになったから。
エ 人間のはかなさを感じたから。

問四 **内容** 傍線部④について、誰が何を「思ふ」のか。適当なものを次から選べ。〔5点〕

ア 幼児が母を慕わしく思う。　**イ** 作者が姉を慕わしく思う。
ウ 作者が皓々《こうこう》とした月を美しいと思う。
エ 作者が姉の死を悼《いた》み、遺児の行く末を不安に思う。

問五 **内容** 傍線部⑤は、どのような期間か。十五字以内で説明せよ。〔6点〕

問六 **内容** 傍線部⑥の心情として適当なものを次から選べ。〔6点〕

ア 故人ゆかりの物語をよくぞ探し求めてくれたと、深く感謝している。
イ 故人と作者が同じ物語を求めていたとわかり、深く感動している。
ウ 故人が求めていた物語が存命中に間に合わず、落胆している。
エ 故人が求めた物語の名の不思議な暗合に感慨深く、悲しみを新たにしている。

文法の整理　助動詞―なり・たり

活用

基本形	未然形	連用形	終止形	連体形	已然形	命令形	活用の型
なり	なら	なり に	なり	なる	なれ	(なれ)	形容動詞型
たり	たら	たり と	たり	たる	たれ	(たれ)	形容動詞型

接続 なり―体言・活用語の**連体形**に接続。（一部の助詞や副詞にも接続。）
たり―**体言**に接続。

意味 (1)**断定**（…ダ・…デアル）
(2)**存在**（…ニアル）↓「なり」のみ。

「なり」の連用形「に」は、「に」（＋係助詞）＋補助動詞（あり・候ふ……）の形で用いられることが多い。

問題演習

1 傍線部の助動詞の意味・活用形を答えよ。〔2点×5〕

(1) おのが身は、この国の人に①もあらず。月の都の人なり②。（竹取物語）
私の身は、この国の人ではありません。月の都の人です。

① ・
② ・

(2) 下と③して上に逆《さか》ふること、あに人臣の礼たら④んや。（平家物語）
臣下であって主上に逆らうことは、どうして人臣の礼であろうか、いや、礼ではない。

③ ・
④ ・

(3) 天《あま》の原《はら》ふりさけ見れば春日《かすが》なる⑤三笠《みかさ》の山に出でし月かも（古今集）
大空を振り仰いで見ると、（今昇ったあの月は、私が日本で見た）春日にある三笠の山に昇った月（と驚くほど似ていること）だよ。

⑤ ・

奈良時代 | 平安時代 | 鎌倉時代 | 室町時代 | 江戸時代
700 800 900 1000 1100 1200 1300 1400 1500 1600 1700 1800 1900
発心集

14 発心集《ほっしんしふ》

この世に生きている間に、大きな功徳《くどく》となる善行をなしても、それが純粋な信仰のためだったとは限らない。死後に天狗《てんぐ》となった僧が、そのことについて告白した話である。

ある山寺に、徳高く聞こゆる聖《ひじり》*ありけり。年ごろ堂を建て、仏作り、さまざま功徳をいとなみ、尊く行ひ(A)けるが、終はりめでたくてありければ、弟子もあたりの人も、①疑ひなき往生人と信じて過ぎけるほどに、ある人にかの聖の霊《りやう》つきて、心得ぬさまのことども言ふ。

聞けば、はや*天狗*になりたりけり。弟子ども、思ひのほかなる心地《ここち》して、いみじく［A］思へども、力なく(B)おぼつかなきことなど問ひければ、不思議のことども言ふ中に、「わが在世の間、深く名聞《みやうもん》*に住して、なき徳を称じて*人をたぶろかして*作りし仏なれば、かかる身となりて後は、この寺を人の拝み尊ぶ日に、わが苦患《くげん》*まさるなり。」とこそ言ひけれ。

②いみじき功徳を作るとも、③心ととのはずは、かひなかるべし。「④今のことなれば、名は確かなれど、ことさらあらはさず。」とぞ、ある人語り侍りし。

＊聖…徳の高い僧。　＊はや…実は。　＊天狗…妖怪の一種。驕慢《きょうまん》の僧などが死後天狗になると想像された。　＊名聞に住して…名誉・名声にこだわって。　＊称じて…あるかのように言いふらして。　＊たぶろかし…「たぶらかし」に同じ。　＊苦患…地獄に落ちた者などが受ける苦痛。

文法 助動詞―る・らる
〈見分け方〉「る」「らる」

知・技 /12
思・判・表 /38
合計 /50
目標解答時間 25分

本文の展開

空欄にあてはまる語句を本文中から抜き出せ。［1点×4］

第一段 具体例

▼前半 ある聖がさまざまな功徳になることをいとなんで［①　　］したと思われたが、その霊がある人にとりついて語った。

▼後半 死後、［②　　］になった。それは［③　　］のための功徳で人をだましたからであると告白した。

第二段 作者の感想

▼教訓 功徳を積んでも、［④　　］が正しくなければ意味がない。

重要古語

傍線部A・Bの本文中の意味を、それぞれ選べ。［2点×2］

A
ア 願望する
イ 献上する
ウ 勤行する
エ 準備する
［　　］

B
ア 不審だ
イ 大切だ
ウ 心細い
エ 珍しい
［　　］

問一 口語訳 傍線部①は、どのような人か。適当なものを次から選べ。［5点］

ア すぐれた業績を残すにちがいない人
イ 死後まちがいなく極楽に生まれる人
ウ 賢人としてまちがいないすばらしい人
エ まちがいなく立派な仏師になれる人

問二 内容 空欄Aに入る言葉として適当なものを次から選べ。［5点］

ア くちをしく　イ なつかしく
ウ うれしく　エ かしこく

問三 内容 傍線部②について、その具体的内容にあたる箇所を八字以内で抜き出せ。［6点］

問四 内容 傍線部③について、「心ととのはず」の内容にあたる箇所を八字以内で抜き出せ。［6点］

問五 理由 傍線部④について、なぜその聖の名を明かさなかったのか。その理由として適当なものを次から選べ。［6点］

ア 死後に天狗になることは、仏教の教義上ありえないことだから。
イ 名前を明らかにすると、亡くなった聖の祟《たた》りが恐ろしいから。
ウ 弟子たちにとって知りたくない残念なことだから。
エ 名前を明らかにすると、その聖や関係者に悪いから。

問六 主題 この説話は、僧や俗人に対する啓蒙《けいもう》・教化を目的としたものである。そのことがわかる一文を抜き出し、初めの十字で答えよ。［6点］

文法の整理　助動詞―る・らる

活用

基本形	未然形	連用形	終止形	連体形	已然形	命令形	活用の型
る	れ	れ	る	るる	るれ	れよ※	下二段型
らる	られ	られ	らる	らるる	らるれ	られよ※	

（※自発・可能には命令形がない。）

接続
る―四段・ナ変・ラ変動詞の**未然形**に接続。
らる―右以外の動詞の**未然形**に接続。

意味
(1) **自発**（自然ニ…レル・自然ニ…ラレル）
(2) **可能**（…コトガデキル・…レル・…ラレル）
(3) **受身**（…レル・…ラレル）
(4) **尊敬**（オ…ニナル・…レル・…ラレル）

問題演習

1 傍線部の助動詞の意味・活用形を答えよ。［2点×4］

(1) 女を具せられ①たりけりなんど言はれ②んことも、（平家物語）
（木曽殿が）女をお連れになったなどと（世間で）言われるということも、

(2) 冬はいかなる所にも住まる③。（徒然草）
冬はどんな所にでも住むことができる。

(3) さやうの所にてこそ、よろづに心づかひせらるれ④。（徒然草）
そういう旅先の所では、何かにつけて自然と気をつかうものだ。

① ・　② ・　③ ・　④ ・

15 枕草子《まくらのさうし》

テーマをあげてそれに沿った例を並べていく「類集的章段」の一つである。提示される例は人情の機微をよくついており、作者清少納言の鋭い観察眼がうかがえる。

①人ばへするもの。*ことなることなき人の子の、さすがにかなしうしならはしたる。②咳《しはぶき》A。はづかしき人にもの言はむとするに、先に立つ。*あなたこなたに住む③人の子の、四つ五つなるは、④*あやにくだちて、もの取り散らし、そこなふを、*ひきはられ制せられて、心のままにもえⓐあらぬが、親の来たるに、所得て、「あれ見せよ。やや、母。」など、引きゆるがすに、大人どもの、もの言ふとて、ふとも⑤聞き入れねば、手づから引き探し出でて、見騒ぐこそ、いとにくけれ。それを、「⑥まな。」とも取り隠さで、「⑦さなせそ。」「そこなふな。」などばかり、うち笑《ゑ》みて言ふこそ、親もにくけれ。我、はた、ⓑえはしたなうもB言はで見るこそ、心もとなけれ。

*ことなることなき人の子…たいしたこともない人の子。「人の子」でひとまとまりの言葉で、「ことなることなき」は「人の子」にかかる。　*あなたこなたに住む…あちらこちら隣り合った部屋に住んでいる。　*あやにくだちて…(いたずら盛りで)憎らしい振る舞いをして。　*ひきはられ制せられて…(ふだんは人々に袖を)引っ張られ抑えられて。

文法　助動詞―す・さす・しむ

〈見分け方〉「す」「さす」「しむ」

知・技　/16
思・判・表　/34
合計　/50
目標解答時間　25分

本文の展開

空欄にあてはまる語句を本文中から抜き出せ。［1点×4］

主題　人ばへするもの

▼具体例①　たいしたこともない人の子で、甘やかされて育った［①　　］。

▼具体例②　気が置ける人に話をしようとするとき出てくる［②　　］ばらい。

▼具体例③　同僚の女房の四つ五つの子が、［③　　］が来ていると調子に乗って、いたずらするのは気に食わないが、それを取り隠さないでつけあがらせる［④　　］も気に食わない。

重要古語

傍線部A・Bの本文中の意味を、それぞれ選べ。［2点×2］

A
ア　照れ屋な
イ　立派な
ウ　みっともない
エ　美しい
［　　］

B
ア　体裁が悪く
イ　意地が悪く
ウ　下品に
エ　静かに
［　　］

問一 主題 傍線部①は事例から考えてどういう意味か。適当なものを次から選べ。【4点】

ア 人の目に華やかに映るもの　イ 人の魅力を引き出すもの
ウ 人前に出ると調子に乗るもの
エ 人に道理を自覚させるもの

問二 表現 傍線部②を擬人化した表現を、五字以内で抜き出せ。【4点】

問三 内容 傍線部③「人の子」の親子の言動を、作者はどのように思って見ているか。作者の心情を表す語を二つ抜き出せ（同じものは除く）。【4点×2】

問四 内容 傍線部④は幼児の様子を描いているが、その腕白な様子や動作をさらに印象づけている表現が二箇所ある。二箇所目の表現を十五字以内で抜き出せ。【3点】

問五 文法 二重傍線部ⓐ・ⓑの副詞「え」と呼応している語を、それぞれ抜き出せ。【2点×2】

ⓐ　ⓑ

問六 文脈 傍線部⑤の主語として適当なものを次から選べ。【3点】

ア 人の子　イ 親
ウ 大人ども　エ 作者

問七 口語訳 傍線部⑥・⑦を、作者が述べようとしている内容に即して会話口調で口語訳せよ。【4点×2】

⑥　⑦

文法の整理　助動詞—す・さす・しむ

活用

基本形	未然形	連用形	終止形	連体形	已然形	命令形	活用の型
す	せ	せ	す	する	すれ	せよ	下二段型
さす	させ	させ	さす	さする	さすれ	させよ	
しむ	しめ	しめ	しむ	しむる	しむれ	しめよ	

接続
す——四段・ナ変・ラ変動詞の**未然形**に接続。
さす—右以外の動詞の**未然形**に接続。
しむ—用言の**未然形**に接続。

意味
(1) **使役**　（…セル・…サセル）
(2) **尊敬**　（オ…ニナル・…レル・…ラレル）

問題演習

1 傍線部の助動詞の意味・活用形を答えよ。【2点×4】

(1) 四、五人候はせ①給ひて、御物語せさせ②給ふなりけり。（源氏物語）
（帝は四、五人に伺候させなさって、何かとお話しなさるのであった。）

(2) 心を傷《いた》ましむる③は、人を害《そこな》ふこと、なほはなはだし。（徒然草）
心を痛めさせることが、人を傷つけることは、いっそうひどい。

(3) 比丘《びく》を堀に蹴入れさする④、未曽有《みぞう》の悪行《あくぎやう》なり。（徒然草）
比丘（たるこの私）を堀の中へ蹴落とさせるとは、前代未聞の悪行である。

①　・
②　・
③　・
④　・

16 平家《へいけ》物語

文法 助動詞―まほし・たし・ごとし

一の谷の戦いに敗れた平家一門は四国の屋島に逃れたが、再び源義経《みなもとのよしつね》軍の急襲に遭い、城を捨てて海上に出た。平家は船の上から、源氏は馬を海中に乗り入れての、激しい戦いが繰り広げられる。

源氏の兵《つはもの》ども、勝つにのつて、馬の太腹《ふとばら》ひたるほどにうち入れて攻め戦ふ。*判官《はうぐわん》深入りして戦ふほどに、舟の内より*熊手《くまで》をもつて、判官の甲《かぶと》の*錣《しころ》にからりからりと、二、三度までうちかけけるを、御方《みかた》の兵ども、太刀《たち》長刀《なぎなた》でうちのけうちのけしけるほどに、いかがしたりけん、判官弓をかけ落とされぬ。うつぶして、鞭《むち》をもつてかきよせて、取らう取らうどし給へば、兵ども「①ただ捨てさせ給へ。」と申しけれども、つひに取つて、笑うてぞ帰られける。A②おとなどもつまはじきをして、「くちをしき御こと候《ざうら》ふかな。たとひ千*疋万疋《せんびきまんびき》にかへさせ給ふべき御《おん》だらしなりとも、③いかでか御命にかへさせ給ふべき。」と申せば、判官「④弓の惜しさに取らばこそ。⑤義経が弓といはば、二人しても張り、若《も》しは三人しても張り、おぢの*為朝《ためとも》が弓のやうならば、わざとも落として取らすべし。B尫弱《わうじやく》たる弓を敵《かたき》の取り持つて、『これこそ源氏の大将九郎義経が弓よ。』とて、[A]せんずるがくちをしければ、命にかへて取るぞかし。」とのたまへば、みな人これを感じける。

*判官…源義経のこと。 *熊手…柄の先が熊の手のような形をした武器。 *錣…甲から垂らして、首を覆うもの。 *疋…銭十文をいう。 *為朝…源為朝。剛勇で、特に弓をよくした。

本文の展開

空欄にあてはまる語句を本文中から抜き出せ。［1点×4］

前半 義経は深入りして戦ううちに、熊手に弓をひっかけられて落としてしまったが、何度も[①]でかき寄せて、ついに拾い、[②]て引き上げた。

後半 御大将の命に代えるほどの弓ではないと[③]して言う者もいたが、[④]の弓を敵が拾って笑うのが残念で、命に代えて拾ったのだと言った。

重要古語

傍線部A・Bの本文中の意味を、それぞれ選べ。［2点×2］

A
ア 総大将
イ 老武者たち
ウ 一人前の兵ども
エ 一族の頭《かしら》
[ ]

B
ア 大事な
イ ひよわい
ウ 見事な
エ 略奪された
[ ]

知・技 /10
思・判・表 /40
合計 /50

目標解答時間 25分

問一 内容 傍線部①で「兵ども」は何を言おうとしたのか。そのことを説明した次の文の空欄Ⅰ・Ⅱに、適当な言葉を補え。 ［4点×2］

・［Ⅰ］なんかどうでもよい、［Ⅱ］のほうが大切だということ。

Ⅰ ［　　］ Ⅱ ［　　］

問二 内容 傍線部②が表す「おとなども」の心情として適当なものを次から選べ。 ［4点］

ア 称賛　**イ** 非難　**ウ** 満足　**エ** 悲しみ

［　　］

問三 口語訳 傍線部③を口語訳せよ。 ［5点］

［　　］

問四 文脈 傍線部④の次に省略されている言葉として適当なものを次から選べ。 ［4点］

ア さもあらめ　**イ** うれしかりける

ウ 取るべし　**エ** 申すもよかれ

［　　］

問五 内容 傍線部⑤と同じ意味を表す言葉を、四字で抜き出せ。 ［4点］

［　　］

問六 内容 空欄Aに入る言葉として適当なものを次から選べ。 ［5点］

ア 喜悦《きえつ》　**イ** 自慢　**ウ** 感動　**エ** 嘲弄

［　　］

問七 内容 本文では、義経はどのような武将として描かれているか。適当なものを次から選べ。 ［6点］

ア 知略にたけた武将　**イ** 名を重んずる武将

ウ 行動を重んじ、実行力に富んだ武将

エ 思いやりがあり、信望の厚い武将

［　　］

文法の整理　助動詞―まほし・たし・ごとし

◆まほし・たし

活用

基本形	未然形	連用形	終止形	連体形	已然形	命令形	活用の型
まほし	まほしく まほしから	まほしく まほしかり	まほし	まほしき まほしかる	まほしけれ	○	形容詞型
たし	たく たから	たく たかり	たし	たき	たけれ	○	形容詞型

接続 まほし―動詞・助動詞「す」「さす」「ぬ」の**未然形**に接続。

たし――動詞・助動詞「る」「らる」「す」「さす」の**連用形**に接続。

意味 **(1)願望**（…タイ・…テホシイ）

◆ごとし

活用

基本形	未然形	連用形	終止形	連体形	已然形	命令形	活用の型
ごとし	ごとく	ごとく	ごとし	ごとき	○	○	形容詞型

接続 体言・活用語の**連体形**・格助詞「が」「の」に接続。

意味 **(1)比況**（…ト同ジダ・…ニ似テイル・…ヨウダ）

(2)例示（タトエバ…ノヨウダ）

問題演習

1 傍線部の助動詞の意味・活用形を答えよ。 ［3点×2］

(1)愛敬《あいぎやう》ありて言葉多からぬこそ、飽かず向かはまほしけれ。（徒然草）

あたたかみがあって言葉が多くない人こそ、いつまでも対座していたい。

［　・　］

(2)つひに本意《ほい》のごとくあひにけり。（伊勢物語）

とうとうかねてからの望みどおり結婚した。

［　・　］

1 後漢書《ごかんじょ》

句形 否定形 ▶ 部分否定・全部否定／二重否定

知・技 /25
思・判・表 /25
合計 /50
目標解答時間 20分

自分の家に盗みに入り梁《はり》の上にじっと隠れている盗人を見つけた陳寔《ちんしょく》。彼は子や孫たちの前で、盗人のことを何と呼んだか。また、それは彼のどんな考えに拠《よ》るものだろうか。

有《リテ》レ盗夜入《リ》二其《ノ》室《ニ》一、止《とどマル》二於梁*上《ニ》一。陳《ちん》寔《しよく》陰《カニ》[a]見、

乃《チ》起《たチテ》自《ラ》整*払《シ》、呼《ビテ》命《ジ》二子孫《ニ》一、①正《シ》レ色《ヲ》訓《をしヘテ》レ之《ニ》曰《ハク》、「夫《レ》*[b]

人《ハ》②不可不自勉。不善之人《モ》③未《ダ》二必《ズシモ》本《ヨリ》悪《ナラ》一、習《ヒ》（長い間の）

以《と》レ性成《リ》、（習慣が性格となって、）遂《ニ》至《ル》二於④此《ニ》一。⑤梁上《ノ》君子者《は》是《レナリト》矣。」盗

大《イニ》驚《キ》、自《ラ》投《ジ》二於地《ニ》一、（自分から下に飛び降り、）稽*《けい》顙《さうシテ》帰《ス》レ罪《ニ》。（自分の罪を認めた。）

＊梁…天井の上にある横木。うつばり。
＊整払…身づくろいをする。　＊夫…そもそも。
＊稽顙…額を地につけて礼をする。

本文の展開

空欄にあてはまる語句を本文中から抜き出せ。 ［1点×3］

▼ある夜、盗人が陳寔の家に忍び込み、［①　　］にじっとしていた。
▼陳寔はそれに気づくと、身づくろいをして、子や孫を呼び集めて言った、「［②　　］の人でも、必ずしももとから悪人というわけではなく、長い間の習慣からそうなってしまったのだ。［③　　］の君子がそれである。」と。
▼盗人は驚いて、下に飛び降り、自らの罪を認めた。

基本句形の整理

否定形 ⬇3行

二重否定とは、一つの否定語によって否定された内容を、別の否定語によってさらに否定する表現。結果として**強い肯定**を表すこともある。

● 非《ズ》レ不《ルニ》レ～　～ざルニあらズ

問一 語句 二重傍線部a、bの読みを現代仮名遣いで書け。 [3点×2]

a [　　　カニ]　b [　　　レ]

問二 内容 傍線部①「正㆑色」の意味として適当なものを次から選べ。 [7点]

ア 明るい表情をして　イ 表情を暗くして

ウ 改まった顔つきで　エ こわい顔をして

[　　]

問三 訓点 傍線部②は「自ら勉めざるべからず。」と訓読する。これに従って返り点と送り仮名をつけよ。 [6点]

不 可 不 自 勉。

問四 訓読 傍線部③「未㆓必本悪㆒」の書き下し文として適当なものを次から選べ。 [5点]

ア 未だ必ずしも本より悪なり、

イ 未だ必ず本より悪ならず、

ウ 未だ必ずしも本より悪ならず、

エ 未だ必ず本より悪なり、

[　　]

問五 文脈 傍線部④「此」がさす内容を、傍線部④より前から五字以内で抜き出せ。（訓点不要） [7点]

[　　　　　]

問六 理由 陳寔が盗人をさして傍線部⑤「梁上君子」と言った理由として適当なものを次から選べ。 [8点]

ア 人の家に忍び込む勇気をほめてやりたかったから。

イ 人の物を盗んでまで生きていこうという熱意に打たれたから。

ウ 梁の上にじっと隠れているのをかわいそうに思ったから。

エ 人間は生まれながらにして悪人というわけではないから。

[　　]

●不㆑可㆑不㆑～　～ざルベカラず

無㆑シ不㆑ル(ハ)～ ➡ ～ざル（ハ）なシ

訳 ～しないことはない（必ず～する）

例 於㆑イテ物ニ無㆑キ不㆑ル陥サ也。 ➡ 物《もの》に於《お》いて陥《とほ》さざる無《な》きなり。

訳 どのような物でも突き通せないものはない。

問題演習

1 次の文を書き下し文に改めよ。 [2点×2]

① 非ズ㆑不ルニ㆓与《と》㆑此レ同ジカラ㆒。

訳 これと同じでないのではない。

[　　　　　]

② 道ハ不㆑ル可㆑カラ不㆑ル求メ也。

訳 道はどうしても求めなければならない。

[　　　　　]

2 書き下し文を参考にして、次の文に返り点・送り仮名をつけよ。 [2点×2]

① 所 見 無 非 馬 者。

訳 見《み》る所《ところ》 馬《うま》に非《あら》ざる者《もの》無《な》し。

目に入るものは馬ばかりである。（馬のほかには目に入らない。）

② 未 嘗 不 嘆 也。

訳 未《いま》だ嘗《かつ》て嘆《なげ》かずんばあらざるなり。

これまで嘆かなかったことはなかった。

2 孟子《まうし》

句形 疑問形

「やらないこと」と「できないこと」との違いを斉《せい》の宣王《せんおう》から尋ねられた孟子。彼は、「やらないこと」と「できないこと」とを、それぞれどんなものにたとえているだろうか。

曰《ハク》、「不《ル》レ為《サ》者《ト》[a]与二不《ル》レ能《＊ハ》者一之形《ハ》、①何《ヲ》以《テ》異《ナルカト》。」曰《ハク》、

「挟《わきばさ》《ミテ》二＊太山《ヲ》一以《テ》超《ユル》二＊北海《ヲ》一、語《つゲテ》レ人《ニ》曰《ハク》、『我不《ト》レ能《ハ》。』是《レ》誠《ニ》[b]

（太山を小わきに抱えて北海を飛び越えるということについて、）

不《ル》レ能《ハ》也。為《ニ》二＊長者《ノ》一折《ル》レ枝《ヲ》、語《ゲテ》レ人《ニ》曰《ハク》、『我不《ト》レ能《ハ》。』是《レ》

（年長者のために（庭木の）枝を折ることについて、）

不《ル》レ為《サ》也。②非不能也。故《ニ》③王之不《ルハ》レ王《タラ》、④非挟太山以超北海之類也。王之不《ルハ》レ王《タラ》、是《レ》折《ル》レ枝《ヲ》之類《ヒ》也《ト》。」

＊能…できる。 ＊太山…泰山《たいざん》。山東省にある名山。
＊北海…渤海湾《ぼっかいわん》のこと。
＊長者…年長者。

本文の展開 空欄にあてはまる語句を本文中から抜き出せ。【1点×4】

▼斉の宣王が孟子に尋ねた、やらないこととできないこととの違いは何か？

▼孟子は言った、「［①　　］を挟んで［②　　］を越えることを『私にはできない。』と言うのは、これは本当にできないのです。［③　　］のために［④　　］を折ってやることを『私にはできない。』と言うのは、これはやらないのです。

▼王が真の王者とならないのは、できないことをできないと言うのではなく、やらないことをできないと言うようなものです。」と。

知・技	思・判・表	合計
/25	/25	/50

目標解答時間 20分

基本句形の整理 疑問形 ➡1行

疑問形で使われる疑問詞は、一字で表されるのが基本だが、ほかにも**二字からなるもの**がある。

●～何如《(ハ)いかん》・～何若《(ハ)いかん》・～何奈《(ハ)いかん》　～(ハ)いかん

●何為《レゾ》～　なんすレゾ～　●何《ヲ》以《テ》～　なにヲもツテ～

問一 語句 二重傍線部a、bの読みを現代仮名遣いで書け。 [3点×2]

a ［　　］ b ［　　］ニ

問二 内容 傍線部①の意味として適当なものを次から選べ。 [7点]

ア なぜ違うのか。　イ どうして違っているのか。
ウ 違いがあるのか。　エ どう違うのか。

［　　］

問三 訓読 傍線部②の書き下し文として適当なものを次から選べ。 [4点]

ア 能《あた》はざるに非《あら》ざるなり。　イ 能《あた》はざれば非《ひ》なるなり。
ウ 能《あた》はずんば非《あら》ざるなり。　エ 能《のう》として非《ひ》なるなり。

［　　］

問四 内容 傍線部③の意味として適当なものを次から選べ。 [7点]

ア 臣下が王に仕えないのは、
イ 王が真の王者とならないのは、
ウ 王が他の王と仲良くなれないのは、
エ 王が臣下とうまくいかないのは、

［　　］

問五 訓点 傍線部④を「太山を挟みて以つて北海を超ゆるの類ひに非ざるなり。」と読めるように、返り点と送り仮名をつけよ。 [7点]

非 挟 太 山 以 超 北 海 之 類 也。

問六 理由 孟子が傍線部③のように言うのはなぜか。その理由として適当なものを次から選べ。 [7点]

ア できないことはしないと言うから。
イ できないことをやらないと言うから。
ウ できることをやれると言うから。
エ やらないことをできないと言うから。

［　　］

● 何ニ由リテ～　なにニよリテ～　● ～(ハ)幾許ゾ　～(ハ)いくばくゾ

何如
⬇いかん 訳 どのようであるか
例 則チ何如。
⬇則《すなは》ち何如《いかん》。 訳 それはどうだろうか。

＊「何如」は状態・程度・是非、「如何」は手段・方法を問う。

問題演習

1 次の文を書き下し文に改めよ。 [2点×2]

① 何ヲ 以ッテ 識《し》ルヤレ 彼ヲ。
訳 どうして彼を知っているのか。

［　　］

② 相去ルコト 復タ 幾許《いくばく》ゾ。
訳 離れていることはどれほどであろうか。

［　　］

2 書き下し文を参考にして、次の文に返り点・送り仮名をつけよ。 [2点×2]

① 何 為 不 去。
何為《なんす》れぞ去《さ》らざる。
訳 どうして去らないのか。

② 何 由 知 我 在 此 也。
何《なに》に由《よ》りて我《われ》の此《ここ》に在《あ》るを知《し》るや。
訳 どうして私がここにいるのを知ったのか。

3 春秋左氏伝《しゅんじゅうさしでん》

句形　反語形①

現在、主に「物事に熱中して手のつけられないほどになる。」の意味で使われる「病　膏肓《こうこう》に入《い》る」。次の話を読んで、この故事成語の由来を確認しよう。

*晋《しん》ノ景《けい》公《こう》*疾《やまひ》病《へい》ナリ。求ム二医ヲ于秦《しん》ニ一。①*秦伯使*医緩*為之。未ダルニレ至ラ、公ノ夢ニ、疾為リテ二二*豎《じゅ》子ト一、曰ハク、「a彼ハ良医也。b懼《おそ》ルレ傷ツケンコトヲレ我ヲ。②焉《いづ》クニカ逃レントレ之ヲ。」c其ノ一曰ハク、「居ラバ二*肓《くわう》之上、*膏《かう》之下ニ一、③若レ我ヲ何セント。」医至リテ曰ハク、④「疾不レ可カラレ為ム也。在リ二肓之上、膏之下ニ一、攻ムルハレ之ヲ不可ナリ。達スルモレ之ニ不レ及バ、薬不レ至ラ焉。不レ可カラレ為ム也ト。」公曰ハク、「⑤良医也ト。」

（彼は名医である。）（どこに逃げようか。）（病気は治療のしようがありません。）（針を打っても病気のところまで届かず、薬もそこには届きません。）

*晋景公…春秋時代の晋の国の君主。
*疾病…病気が重くなること。
*秦伯…秦の国の君主。
*医緩…緩《かん》という名の医者。
*為之…治療する。
*肓…横隔膜の上。
*豎子…子供。
*膏…心臓の下。

本文の展開

空欄にあてはまる語句を本文中から抜き出せ。［1点×4］

▼景公の病気が重くなったので、治療のため医緩が派遣された。
▼景公の夢に、病気が二人の子供になって現れた。
「医緩は良医だから、どこに逃げようか。」
「① □ の上、② □ の下に逃げ込もう。」
▼医緩が到着して言った、
「病気は ③ □ の上、④ □ の下にあるので、これに達しようとしても及ばず、薬もこれに届かない。だから治療はできません。」と。
▼景公は、「良医である。」と言った。

基本句形の整理

反語形① ↓4行

反語形は一字の疑問詞で表されるのが基本だが、ほかにも**二字からなるものや、特別な形**（四三ページ参照）などがある。

● **何為～** 　なんすレゾ～ン(ヤ)
● **何以～** 　なにヲもツテ(カ)～ン(ヤ)

知・技　/25
思・判・表　/25
合計　/50
目標解答時間　20分

問一 語句 二重傍線部a〜cの読みを現代仮名遣いで書け。〔3点×3〕

a リテ　b　c ノ

問二 訓点 傍線部①を「秦伯《しんぱく》医緩《いくわん》をして之を為《をさ》めしむ。」と読めるように、返り点と送り仮名をつけよ。〔5点〕

秦 伯 使 医 緩 為 之。

問三 文脈 傍線部②「焉逃レ之。」とは、何から逃れることを言っているのか。本文中から二字で抜き出せ。（訓点不要）〔7点〕

問四 内容 傍線部③「若レ我何。」は、どういうことを表しているか。次から選べ。〔7点〕

ア 病気は治療できない。
イ 病気は完治する。
ウ 病巣を探し当てられない。
エ 医者は驚くだろう。

問五 訓読 傍線部④「疾不レ可レ為也。」を書き下し文に改めよ。〔3点〕

問六 理由 景公が、傍線部⑤「良医也。」と言ったのはなぜか。理由として最も適当なものを次から選べ。〔7点〕

ア さすがは秦伯の派遣してくれた医者だと感心したから。
イ 診断により、景公の病気の原因をはっきりと言い当てたから。
ウ 医緩の診断が夢に見た内容と同じであったから。
エ 景公の病気は治療しても無駄であると診断したから。

● **何ゾ必ズシモ〜ン（ヤ）**　なんゾかならズシモ〜ン（ヤ）

若レ〜何ヲセン ➡ 〜をいかんセン

訳 〜をどうしようか、いや、どうしようもない

例 若レ我ヲ何。セン ➡ 我《われ》を若何《いかん》せん。

訳 我々をどうしようか、いや、どうすることもできない。

問題演習

1 次の文を書き下し文に改めよ。〔2点×2〕

① 何 為レゾ 不レ読ランヤ 書ヲ。

訳 どうして書物を読まないことがあろうか、いや、読む。

② 何ゾ 必ズシモ 曰レハン 利ト。

訳 どうして利について言う必要があろうか、いや、言う必要はない。

2 書き下し文を参考にして、次の文に返り点・送り仮名をつけよ。〔2点×2〕

① 如 何 遠 千 里。

如何《いかん》ぞ千里《せんり》を遠《とほ》しとせんや。

訳 どうして千里を遠いとしようか、いや、遠いとはしない。

② 何 以 与 於 彼。

何《なに》を以《も》って彼《かれ》に与《あた》へんや。

訳 どうして彼に与えようか、いや、与えはしない。

4　東坡全集《とうばぜんしふ》

蘇軾《そしょく》は、すべて「道」というものは急に求めて得られるものではなく、日ごろの精進によってしだいに身につくものであることを説いている。ここにあげた文章は、「没人」（水に潜る道を会得している人）を例にして、「道を得る」方法について述べたものである。

南方ニ多キハ二没*人一、日ニ与レ水居レバ也。（毎日水とともに生活しているからである。）七歳ニシテ而能ク渉《わた》*リ、十歳ニシテ而能ク浮カビ、十五ニシテ而能ク没ス矣。夫レ没スル者ハ a ①豈ニ苟《かりそ》*メニ然ラン哉。②必将有得于水之道者。（必ず水の「道」を会得するということがあるにちがいない。）日ニ与レ水居レバ則チ十五ニシテ而得二其ノ道ヲ一。生マレナガラニシテ不*レバレ識ラ水ヲ、則チ雖モ壮*ト見テ舟ヲ而畏ル之ヲ。故ニ北*方之勇者、問ヒテ于没人ニ、而求メ三其ノ所ヲ二以テ没スル一、b ③以テ其ノ言ヲ試ムルニ二之ヲ河ニ一、④未ダ有ラ不ル溺レ者也。c 故ニ凡ソ不シテ学バ而務ムルハ求メント道ヲ、皆北方之学ブ没スルヲ者也。

句形　反語形②

本文の展開　空欄にあてはまる語句を本文中から抜き出せ。［1点×4］

▼南方に没人が多いのは、毎日、水とともに生活しているからである。七歳で水を歩いて渡り、十歳で水に浮いて泳ぎ、十五歳で水に潜る。

▼潜水は簡単にはできることではなく、そこには必ず［①］の会得ということがある。毎日、水のそばにいれば、十五歳で水の「道」を得、そうでなかったら壮年になっても舟を見てそれを怖がる。

▼だから北方の勇者が没人に水に潜る方法を求めて試してみても、溺れない者はいない。

▼それゆえ、学ばずして［②］を求めようとする者は、みな［③］の人で［④］を学ぶ者の類いである。

語注

＊没人…水に潜るのが上手な人。

＊渉…歩いて水を渡る。

＊苟…かりそめに。簡単に。

＊不識水…水に慣れ親しんでいない。

＊壮…三十歳。壮年。

＊北方之勇者…北方に住んでいる勇ましい男。

知・技　/21

思・判・表　/29

合計　/50

目標解答時間　25分

問一 語句 二重傍線部a〜cの読みを現代仮名遣いで書け。〔3点×3〕

a　　　　レ　b　　　　ヲ　c　　　　ソ

問二 内容 傍線部①「豈苟然哉。」の意味として適当なものを次から選べ。〔6点〕

ア 簡単にできないわけではない。
イ 人間にとって自然なことだ。
ウ そんなに簡単にできることではない。
エ 人間にとってどうして自然なことであろうか。

問三 訓点 傍線部②を「必ず将に水の道を得る者《こと》有らんとす。」と読めるように、返り点と送り仮名をつけよ。〔6点〕

必 将 有 得 于 水 之 道 者。

問四 文脈 傍線部③「以二其言一試二之河一」の「其」は何をさしているか。本文中の語を用いて答えよ。（訓点不要）〔6点〕

問五 内容 傍線部④「未レ有三不レ溺者一也。」とはどういう意味か。適当なものを次から選べ。〔6点〕

ア 未溺　**イ** 皆溺　**ウ** 将溺　**エ** 已溺

問六 主題 この文章で筆者が最も言いたいことは何か。適当なものを次から選べ。〔7点〕

ア 水に潜るためには、上手な人の指導が必要だ。
イ 学ばなくても道を得られるような人にならなくてはいけない。
ウ 舟を見て恐れるようでは、水に潜ることは難しい。
エ 道を得るためには、日ごろからの不断の学習が大切だ。

基本句形の整理　反語形②　➡3行

◆特別な形

●豈《ニ》〜ン(ヤ)　あニ〜ン(ヤ)　●独《リ》〜ン(ヤ)　ひとリ〜ン(ヤ)

敢《ヘテ》不《ラン》レ〜(乎《や》)　➡あヘテ〜ざラン(や)
訳 どうして〜しないだろうか、いや、〜しないわけにはいかない
例 敢《ヘテ》不《ラン》レ走《ゲ》乎《や》。➡敢《あ》へて走《に》げざらんや。
訳 どうして逃げないだろうか、いや、きっと逃げる。

問題演習

1 次の文を書き下し文に改めよ。〔2点〕

独《リ》不《ラン》レ恥《ヂ》レ之《ヲ》乎。
訳 どうしてこれを恥じないことがあろうか、いや、恥じる。

2 書き下し文を参考にして、次の文に返り点・送り仮名をつけよ。〔2点×2〕

① 豈 唯 順 之。
豈《あ》に唯《た》だに之《これ》に順《したが》ふのみならんや。
訳 どうしてただこれに従うだけであろうか、いや、従うだけではない。

② 敢 不 敬 親 与。
敢《あ》へて親《おや》を敬《けい》せざらんや。
訳 どうして親を尊敬しないだろうか、いや、必ず尊敬する。

5 呂氏春秋《りょししゅんじゅう》

句形 感嘆形

舟で長江《ちょうこう》を渡っていた楚《そ》の人が剣を落とした。楚の人は、どんな方法で剣を探したのだろうか。また、その方法は、二段落目で何のたとえになっているだろうか。

楚《*》人《ニ》有《リ》二渉《*わたル》レ江《かうヲ》者一。其《ノ》剣自《*より》二舟中一墜《ツ》二於水一。遽《*にはカニ》刻《ミテ》二其《ノ》舟一曰《ハク》、「是《レ》吾《ガ》剣之所《*ナリト》二従《リテ》墜《チシ》一。」舟止《マル》。従其所刻者、入水求之。舟《ハ》已《すでニ》行《ケリ》矣。而《*しかモ》剣《ハ》不レ行《カ》。求《ムルコト》レ剣《ヲ》若《キハ》レ此《かクノ》、不二亦惑《ヒナラ》一乎。

以《ツテ》二故《*》法《ヲ》一為《ムルハ》二其《ノ》国《ヲ》一、与レ此《レ》同《ジ》。時《ハ》已《ニ》徙《うつレリ》矣。而《モ》法《ハ》不レ徙《ラ》。以《ツテ》レ此《レヲ》為《スハ》レ治《ヲ》、豈《あニ》不レ難《かたカラ》哉。

大急ぎで舟べりに目印をつけて

舟はもうすでに動いてしまっている。

なんとまあ道理のわからぬことではないか。

古いやり方で国を治めようとするのは、

しかし

方法は変わっていない。

＊楚…春秋・戦国時代にあった国の名。
＊渉江…長江を舟で渡る。
＊自…～から。起点を表す。
＊遽…大急ぎで。　＊所従墜…落ちた場所。
＊而…しかし。逆接を表す。
＊故法…古い（政治の）やり方。

本文の展開

空欄にあてはまる語句を本文中から抜き出せ。［1点×4］

▼楚人の剣が、舟から水中に落ちた。
・舟べりに目印をつけ、舟を止めて目印の下の水中を探したが、剣は見つからない。
・① ［　　］ はすでに進んでいる。しかし ② ［　　］ は動いていない。

融通のきかないやり方である。

▼古いやり方で国を治めるのはこれと同じだ。
③ ［　　］ はすでに移っているのに、 ④ ［　　］ は変わらない。
⇐ これでは政治はできない。

基本句形の整理

感嘆形 ⬇4・6行

感嘆形には、疑問や反語の形を用いて表現するものもある。

◆疑問形を用いるもの
● 一《ニ》何《ゾ》～　いつニなんゾ～
● 非《ズ》レ～《ニ》乎　～ニあらズや

知・技	/25
思・判・表	/25
合計	/50

目標解答時間 20分

問一 語句 二重傍線部a〜cの読みを現代仮名遣いで書け。 ［2点×3］

a ツ　b リテ　c ムルハ

問二 訓点 傍線部①を「其の刻みし所の者より、水に入りて之を求む。」と読めるように、返り点と送り仮名をつけよ。 ［6点］

従 其 所 刻 者、入 水 求 之。

問三 訓読 傍線部②「求レ剣若レ此、不二亦惑一乎。」を書き下し文に改めよ。 ［5点］

問四 内容 傍線部②「求レ剣若レ此」の「此」は、どのような剣の探し方をさしているのか。二十字以内で説明せよ。 ［7点］

問五 口語訳 傍線部③「豈不レ難哉。」を口語訳せよ。 ［6点］

問六 文脈 傍線部A「舟已行矣。」、B「剣不レ行。」は、それぞれどういうことのたとえか。次から選べ。 ［4点×2］

ア 剣自二舟中一墜二於水一。
イ 舟止。
ウ 時已徙矣。
エ 法不レ徙。

A　B

◆反語形を用いるもの

●豈ニ不レ〜乎 あニ〜ずや　●不二亦〜一乎 また〜ずや

何ゾ(其レ)〜也 ⇒なんゾ(そレ)〜や 訳 なんと〜だなあ

例 是レ何ゾ楚人之多キ也。

⇒是《こ》れ何《なん》ぞ楚人《そひと》の多《おほ》きや。

訳 これはなんと楚人の多いことだなあ。

問題演習

1 次の文を書き下し文に改めよ。 ［2点×2］

① 豈ニ不二誠ノ大丈夫ナラ一乎。

訳 なんと誠の男子たる者ではないか。

② 不二亦君子ナラ一乎。

訳 なんと君子ではないか。

2 書き下し文を参考にして、次の文に返り点・送り仮名をつけよ。 ［2点×2］

① 今 夕 復 何 夕、共 此 灯 燭 光。

今夕《こんせき》復《ま》た何《なん》の夕《ゆふ》べぞ、此《こ》の灯燭《とうしよく》の光《ひかり》を共《とも》にせんとは。

訳 今夜はいったいなんという（すばらしい）夜なのか、この明かりにいっしょに照らされようとは。

② 不 亦 遠 乎。

亦遠《またとほ》からずや。 訳 なんと遠いことではないか。

6 孔子家語《こうしけご》

句形 使役形

使役形・受身形

次の文章で孔子は、「良薬は口に苦いが、病気には効き目があるように、真心から出た言葉は耳に痛いが、行いには助けとなる」ということを、国や家に例をとりながらわかりやすく説明している。

孔子曰《ハク》、「①良薬苦於口、而利於病。*忠言《ハ》a逆《ラヘドモ》於耳《ニ》、而利《アリ》於行《ヒニ》。b*湯《たう》・武《ぶハ》以《ツテ》*諤諤《がくがくヲ》而昌《さかへ》、②*桀《けつ》・紂《ちうハ》以《ツテ》*唯唯《ゐゐヲ》而亡《ほろブ》。君《ニ》無《ク》*争臣、父《ニ》無《ク》*争子、兄《ニ》無《ク》*争弟、士《ニ》無《クシテ》*争友、③無《キ》其《ノ》過《チ》者《ハ》、未《ダ》之《レ》有《ラ》也。c故《ニ》曰《ハク》、『君失《ヒテ》之《ヲ》臣得之《ヲ》、父失《ヒテ》之《ヲ》子得《ト》之《ヲ》。』④是《ここヲ》以《ツテ》国《ニ》無《ク》危亡之兆《きざシ》、父子兄弟《ニ》無《キ》失也《ト》。」

a 耳に入れにくいが、行い(を正しくすること)には役立つ。
b (臣下の)直言があったので国は栄え、
(臣下が王の)言いなりになっていたので国は滅びた。
c 君主が失敗しても臣下がそれを補い、

*忠言…真心から出た言葉。 *湯・武…殷《いん》の湯王《とうおう》と、周《しゅう》の武王《ぶおう》。いずれも賢王。 *諤諤…遠慮なく、はっきりとものを言う。 *桀・紂…夏《か》の桀《けつ》王《おう》と、殷の紂王《ちゅうおう》。いずれも暴君。 *唯唯…何でも聞き入れること。
*争臣…君主の過失を諫《いさ》める臣下。直言を述べて天子と論争する臣下。
*争子…親の過失を諫める子供。 *争弟…兄の過失を諫める弟。
*争友…過ちを諫めてくれる友人。

本文の展開

空欄にあてはまる語句を本文中から抜き出せ。 [1点×4]

▼孔子が言った。
・良薬は口に苦いが、病によく効く。
忠言は耳に痛いが、行いに役立つ。
・臣下の忠言によって湯・武は栄え、臣下の忠言がなかったために桀・紂は滅んだ。
▼
① に忠告してくれる臣がおらず、
② に忠告してくれる子がおらず、
③ に忠告してくれる弟がおらず、
④ に忠告してくれる友がいない。
⬇間違いが起こる。
・忠告してくれる人がいれば、
⬇国・家に間違いは起こらない。

知・技 /25
思・判・表 /25
合計 /50
目標解答時間 20分

基本句形の整理 使役形

使役形は使役の助字を用いるのが基本だが、次の表現もある。

◆使役を暗示する動詞を用いるもの

A 命《ジテ》B《ニ》〜《(セ)シム》
⬇A Bニめいジテ〜(セ)シム
訳 AはBに命令して〜させる

問一 語句 二重傍線部a～cの読みを現代仮名遣いで書け。 [3点×3]

a ［ラヘドモ］　b ［ヒニ］　c ［ニ］

問二 訓点 傍線部①を「良薬は口に苦けれども、病に利あり。」と読めるように、返り点と送り仮名をつけよ。 [5点]

良 薬 苦 於 口、而 利 於 病。

問三 文脈 傍線部②「桀・紂以ニ唯唯一而亡。」は、何がなかったから桀・紂の国が滅びたというのか。傍線部②以降の本文中から抜き出せ。（訓点不要） [7点]

問四 内容 傍線部③「無ニ其過一者、未ニ之有一也。」の意味について、最も適当なものを次から選べ。 [7点]

ア 過失を犯さない者は、そのようなことにはならない。
イ 過失を犯さない者が、これまでいたためしがない。
ウ 過失を犯すまいとする者は、これまでいなかった。
エ 過失を犯す者が、これまであったであろうか。

問五 訓読 傍線部④「是以国無ニ危亡之兆一」を書き下し文に改めよ。 [3点]

問六 内容 本文の内容と一致しないものを次から選べ。 [7点]

ア 父が父としての道を踏み外しても、子が正しい道に引き戻す。
イ 殷の湯王、周の武王は、臣下の直言によって国威を高めた。
ウ 夏の桀王、殷の紂王は、忠言を聞き入れた。
エ 親の過ちを諫める子供がいれば、親は過ちを犯さない。

例 王命ジテレ我ニ守ラシムレ関ヲ。 ⬇王《わう》我《われ》に命《めい》じて関《くわん》を守《まも》らしむ。

訳 王は私に命令して関所を守らせた。

◆前後の文意から判断するもの

例 此レ率ヰテレ獣ヲ而食マシムルレ人ヲ也。

⬇此《こ》れ獣《けもの》を率《ひき》ゐて人《ひと》を食《は》ましむるなり。

訳 これは獣を率いて人間を食べさせる（ような）ものだ。

問題演習

1 次の文を書き下し文に改めよ。 [2点×2]

① 聊《いささ》カ命ジテニ故人ニ一書セシムレ之ヲ。

訳 まずは友人に言ってこれを書かせたのだ。

② 高祖詔《みことのり》シテ捕ラヘシムニ韓信ヲ一。

訳 高祖は詔して韓信を捕らえさせた。

2 書き下し文を参考にして、次の文に返り点・送り仮名をつけよ。 [2点×2]

① 予 助 苗 長 矣。

予《われ》苗《なへ》を助《たす》けて長《ちやう》ぜしむ。

訳 私は苗を助けて生長させてやった。

② 我 勧 彼 読 書。

我《われ》彼《かれ》に勧《すす》めて書《しよ》を読《よ》ましむ。

訳 私は彼に勧めて書物を読ませた。

7 韓非子《かんぴし》

徳によって治める政治をよしとする儒家《じゅか》の人々は、尭《ぎょう》・舜《しゅん》といった古代の聖王の政治が理想だと言う。次の話は、韓非がそういう儒家を批判するためにしたたとえ話である。

a 宋*人ニ有リ二耕スレ田*ヲ者一。田中ニ有リレ株*。兎《うさぎ》走リテ触レレ株ニ、b 折リテレ頸《くびヲ》而死ス。c 因リテ①釈《*すテテ》ニ其ノ耒《すきヲ》一而守*リレ株ヲ、（畑の中に木の切り株があった。）冀《こひねがフ》ニ復タ得ンコトヲレ兎ヲ。（首を折って死んだ。）（またうさぎを手に入れることを願った。）

②兎不シテレ可カラニ復タ得一、而③身ハ為ルニ宋国ノ笑ヒト一。

今④欲以*先王之政、治*当世之民、皆守ルレ株ヲ之類ヒ也。（切り株を見守っているのと同じ類いである。）

*宋…春秋・戦国時代にあった国の名。
*田…畑。　*株…木の切り株。
*釈…手から離して。捨てて。
*守…じっと見守る。
*先王之政…古代の聖王たちの徳治政治。
*当世…今の世の中。

句形 受身形

使役形・受身形

知・技	/25
思・判・表	/25
合計	/50

目標解答時間 20分

本文の展開

空欄にあてはまる語句を本文中から抜き出せ。［1点×4］

▼宋人が畑を耕していると、兎が飛び出してきて畑の中の木の切り株に当たり、くびを折って死んだ。

・宋人はすきを捨て、株を見守り、また［①　　］を手に入れようと願った。

⬇しかしその結果は、兎は得られず、身は［②　　］われた。

▼今、昔の聖王のやり方で当代の民を治めようとするのは、［③　　］を守って［④　　］を得ようとするのと同じだ。

基本句形の整理

受身形 ⬇3行

受身形には、受身の助字を用いるもののほかに、**特定の構文を用いて表現されるもの**がある。

為ルニ A ノ 所トレ B（スル）

⬇AノB（スル）ところトなル

訳 AにBされる

問一 語句 二重傍線部a～cの読みを現代仮名遣いで書け。［3点×3］

a ニ　b レ　c リテ

問二 内容 傍線部①「釈二其耒一而守レ株、」はどういうことか。具体的に説明せよ。［6点］

問三 訓読 傍線部②「兎不レ可二復得一、」を書き下し文に改めよ。［4点］

問四 口語訳 傍線部③「身為二宋国笑一。」を口語訳せよ。［7点］

問五 訓点 傍線部④を「先王の政を以つて、当世の民を治めんと欲するは、」と読むとき、返り点が正しくつけられているものを次から選べ。［4点］

ア 欲レ以二先王之政一、治二当世之民一、
イ 欲三以先王之政、治二当世之民一、
ウ 欲下以二先王之政一、治中当世之民上、
エ 欲三以二先王之政一、治二当世之民一、

問六 主題 この話によって、韓非は儒家のどのような点を批判しようとしているのか。最も適当なものを次から選べ。［8点］

ア 何事も時間をかけずに取り組んでいる点。
イ 新しいやり方を自由に取り入れている点。
ウ 古いやり方を固持して融通がきかない点。
エ 農業の苦労から離れて商業を始めている点。

例 我為二ル楚王ノ所一レト辱ムル。
↓ 我《われ》楚《そ》王《わう》の辱《はづかし》むる所《ところ》と為《な》る。
訳 私は楚王に辱められた。

*「Aの為《ため》にBる／（せ）らる。」と訓読することもある。この場合は「所」を受身の助字として読んでいる。
*Aや「所」は省略されることがある。

問題演習

1 次の文を書き下し文に改めよ。［2点×2］

① 為二ニ衆人ノ一所レ謗《そし》ラ。
訳 みんなに非難された。

② 後《おく》ルレバ即チ為二ル人ノ所一レト制スル。
訳 人より遅れたら人に抑えられることになる。

2 書き下し文を参考にして、次の文に返り点・送り仮名をつけよ。［2点×2］

① 為後世所笑。
後世《こうせい》の笑《わら》ふ所《ところ》と為《な》る。
訳 後の世の笑いものになる。

② 若属皆且為所虜。
若《なんぢ》が属《ぞく》皆且《みなまさ》に虜《とりこ》とする所《ところ》と為《な》らんとす。
訳 おまえの一族は、みな今にも捕虜にされるだろう。

8 孟子

句形　仮定形

孟子は、「人は自分の飼っている鶏や犬が逃げてしまうと、それを捜し求めようとするが、自分本来の心を失っても、それを捜し求めようとはしない。」と言う。次の文は、これに続く文章である。

孟子曰《ハク》、「今、有《リ》二*無名之指一、屈《シテ》而不《ル》レ*信《のビ》。①非レ疾痛害事也。（痛みがあって仕事をするのに差し支えがあるというのではない。）如《シ》(a)有《ラバ》(b)二能《ク》信《バス》之《ヲ》者一、則《チ》不《ラン》レ遠《シトセ》二*秦楚之路《みちヲ》一。為《ニ》指之不一レ若《カ》レ人也。（指が他人に及ばないからである。）②指不《ル》レ若《カ》レ人、則《チ》③知《ルモ》*悪《ムヲ》之《ヲ》、心不《ル》レ若《カ》レ人、則《チ》不《ル》レ知《ラ》レ悪《ムヲ》。④此《レヲ》之《コレ》謂《フ》レ不《ト》レ知《ラ》レ*類《ヲ》也《ト》。」（これこそがものごとの比較を知らないということである。）

*無名之指…薬指のこと。　*信…のびる。「伸」に同じ。
*秦楚之路…秦や楚に行くような遠い道のり。
*悪…憎む。　*類…比較。比べる。

本文の展開

空欄にあてはまる語句を本文中から抜き出せ。［1点×4］

▼今、［①　　］の指が、曲がって伸びないとする。別に痛くて仕事に差し支えることもない。

⬇ もし、治してくれる人がいたら、［②　　］の路であっても遠いと思わない。

⬇ それは、指が人に及ばないからである。

⬇ ［③　　］が人に及ばないと、人はこれを憎むことを知っているが、［④　　］が人に及ばなくても、人はこれを憎むことを知らない。

▼これを「不知類」というのだ。

知・技	/25
思・判・表	/25
合計	/50
目標解答時間	20分

基本句形の整理　仮定形 ⬇2・3・4行

仮定形は、仮定の副詞や接続詞で表すのが基本だが、ほかに、**文脈から仮定に読む場合**がある。

● **使《メバ（セ）》レ～**　～（セ）しメバ

問一 語句 二重傍線部a、bの読みを現代仮名遣いで書け。［3点×2］

a ［　シ］　b ［　ク］

問二 訓点 傍線部①を「疾痛《しつつう》して事に害あるに非《あら》ざるなり。」と読めるように、返り点と送り仮名をつけよ。［6点］

非 疾 痛 害 事 也。

問三 訓読 傍線部②「指不若人、」の書き下し文として適当なものを次から選べ。［5点］

ア 指の人に若《し》かざれば、
イ 指は人のごとくして、
ウ 指にあらざれば人のごとく、
エ 指は若人ならずして、

問四 文脈 傍線部③「知レ悪レ之、」は何を憎むのか。本文中から一字で抜き出せ。［7点］

問五 文脈 傍線部④「此」がさす内容の初めと終わりの三字を本文中から抜き出せ。（訓点不要）［6点］

〜

問六 主題 この文章で孟子は何を言おうとしているのか。適当なものを次から選べ。［8点］

ア 心の修養をするには、遠くの国であっても行くべきだ。
イ 自分の心を正しくするためには、人の指を見るべきだ。
ウ 薬指は、指の中で最も大切にしなくてはならない。
エ 心が人に及ばないことを憎んで、自分の心を正しくせよ。

●微《カリセバ》レ〜　〜なカリセバ　●不《ンバ》レA 不レB　Aずンバ Bず

使《メバ》ニA《ヲシテ》（セ） Bー ⬇ AヲシテB（セ）しメバ

訳 AにBさせたならば

例 使《メバ》ニ民《ヲシテ》衣食《ニ》有《ラ》レ余《リ》、

⬇ 民《たみ》をして衣食《いしょく》に余《あま》り有《あ》らしめば、

訳 民に十分に衣食を与えたならば、

問題演習

1 次の文を書き下し文に改めよ。 ［2点×2］

① 使《メバ》ニ我《ヲシテ》為《ラ》ニ将軍一、

訳 もしわたしを将軍にしたならば、

② 今日不レ雨《フラ》、明日不《ンバ》レ雨《フラ》、

訳 今日雨が降らず、明日も雨が降らなければ、

2 書き下し文を参考にして、次の文に返り点・送り仮名をつけよ。 ［2点×2］

① 有 備 無 患。

備《そな》へ有《あ》れば患《うれ》ひ無《な》し。

訳 用意をしておけば、心配はない。

② 不 入 虎 穴、不 得 虎 子。

虎穴《こけつ》に入《い》らずんば、虎子《こし》を得《え》ず。

訳 虎の穴に入らなければ、虎の子を手に入れられない。

9 唐詩選《たうしせん》

漢詩

生涯の大半を旅で過ごした李白《りはく》は、途中で多くの人々との出会いと別れを経験し、その思いを詩に詠じた。次の「送《おく》ル二友人ヲ一」も、友人との別れを惜しむ深情をうたった作品である。

送ル二友人ヲ一　李白

青山横《よこ》タハリ二北*郭ニ一
白水遶《めぐ》ル二東*城ヲ一
此ノ地①一為レ別
孤*蓬万里ニ征《ゆ》ク
浮雲遊*子ノ意
②落日故人ノ情
*揮《ふる》ツテレ手ヲ③自《より》レ茲《ここ》去レバ
*蕭《せう》蕭《せう》トシテ班*馬鳴ク

句形　累加形

知・技　/25

思・判・表　/25

合計　/50

目標解答時間　20分

本文の展開　空欄にあてはまる語句を本文中から抜き出せ。［1点×4］

▼首聯《しゅれん》…青山は町の北側に横たわっており、白水は町の東側をめぐって流れている。

▼頷聯《がんれん》…あなたはこの地に別れを告げ、①［　　］のように万里の彼方《かなた》に旅立つ。

▼頸聯《けいれん》…②［　　］は旅に出るあなたの寂しい思いであり、落日は③［　　］の情のようだ。

▼尾聯《びれん》…手を振りながらあなたがここから去ってゆくと、もの寂しく④［　　］のいななきが聞こえる。

語注

*北郭・東城…都城の北側と東側。
*孤蓬…風の吹くままに飛ぶ、枯れたよもぎ。
*遊子…旅人。
*揮手…手を打ち振ること。
*蕭蕭…寂しげに馬がいななくさま。
*班馬…別れゆく馬。「班」は別れる意。

基本句形の整理　累加形

累加形は、前の文の上に後の文を累(かさ)ね加える表現である。

不二唯《ただ》ニ～一ノミナラ・不二惟《ただ》ニ～一ノミナラ・不二徒《ただ》ニ～一ノミナラ

問一 知識 この詩の形式を答えよ。［4点］

問二 知識 対句を構成している聯はどれとどれか。次から選べ。［4点］

ア 首聯　イ 頷聯

ウ 頸聯　エ 尾聯

問三 訓読 傍線部①「一為レ別」をすべて平仮名で書き下した文として適当なものを、次から選べ。［4点］

ア ひとたびわかれをなせば

イ ひとたびわかれのために

ウ いつにわかれをなせば

エ いつにわかれのためにせば

問四 語句 傍線部②「故人」の意味を書け。［5点］

問五 文脈 傍線部②「故人」は、ここでは何をさしているか答えよ。［7点］

問六 文脈 傍線部③「自レ茲去」の主語を答えよ。［7点］

問七 主題 この詩にこめられている作者の思いとして適当なものを次から選べ。［7点］

ア 孤独の嘆き　イ 再会の願い

ウ 回顧の思い　エ 惜別の情

⬇ただダニ～ノミナラず、 訳 ただ～だけではなく、

例 不ニ唯ダニ忘レルルノミナラ帰ルヲ、可ニシ以ツテ終レフ老イヲ。

⬇唯《た》だに帰《かへ》るを忘《わす》るるのみならず、以《も》つて老《お》いを終《を》ふべし。

訳 ただ帰るのを忘れるだけでなく、生涯を過ごしてもよい。

＊「不」の代わりに「非」、「唯」の代わりに「独《ひとり》」も用いる。

＊「不唯～」に呼応して、後の文が「而又《しかもまた》～」と続く場合もある。

問題演習

1 次の文を書き下し文に改めよ。［2点×2］

①非ザル三独リ賢者ノミ有ルニ二是ノ心一也。人皆有リレ之。

訳 ただ優れた人だけがこの心を持っているのではない。人は誰でもこの心を持っている。

②不三惟ダニ有ルノミナラ二超世之才一、

訳 ただ世に飛び抜けた才能を持っているだけではなく、

2 書き下し文を参考にして、次の文に返り点・送り仮名をつけよ。［2点×2］

①非 徒 無 益、而 又 害 之。

徒《た》だに益無《えきな》きのみに非《あら》ず、而《しか》も又之《またこれ》を害《がい》す。

訳 ただ益がないだけではなく、その上に害を与えている。

②不 惟 怠 之、又 従 而 盗 之。

惟《た》だに之《これ》を怠《おこた》るのみならず、又従《またしたが》ひて之《これ》を盗《ぬす》む。

訳 ただこれを怠るだけでなく、その上に盗むのである。

10 韓非子

句形 比較形

知・技	/25
思・判・表	/25
合計	/50

目標解答時間 20分

靴を買いに行くために、まず自分の足のサイズを測っておいた鄭《てい》の国の人。市場に行って靴を見つけたが、その寸法書きを忘れてしまった。はたして鄭の国の人はどうしただろうか。

*鄭《てい》人《ひとニ》有《リ》二且《まさニ》レ《すル》*置《かハント》レ*履《くつヲ》者一。先《ヅ》自《ラ》度《はかリテ》二其《ノ》足《ヲ》一、而置《キ》二之《ヲ》其《ノ》坐《ニ》一、至《リテ》レ之《ゆクニ》レ市《ニ》、而忘《ル》レ操《とルヲ》レ之《ヲ》。已《ニ》得《テ》レ履《ヲ》乃《チ》曰《ハク》、「吾忘《ルト》レ持《スルヲ》レ*度《ヲ》。」*反《リ》帰《リテ》取《ル》レ之《ヲ》。及《ビテ》レ反《ルニ》市罷《やム》。遂《ニ》不レ得レ履《ヲ》。人曰《ハク》、「何不試之以足。」曰《ハク》、「寧《むしロ》信《ズルモ》レ度《ヲ》、無《キ》二自《ラ》信《ズル》一也《ト》。」

（至之市…）市場に出かけるときになって、
（已得履…）市場で履物を見つけて
（及反…）（市場に）戻ってみると

*鄭…戦国時代にあった国の名。 *置…買う。
*履…はきもの。 *度…寸法書き。
*反帰…かえる。自分の家に戻ること。

本文の展開

空欄にあてはまる語句を本文中から抜き出せ。［1点×3］

▼鄭の国の人で［①　　］を買おうとした人がいた。
← まず、自分の足のサイズを測って、［②　　］（寸法書き）を作った。
▼市場に行って、靴を買おうとして、寸法書きを忘れたことに気づいた。
← 寸法書きを家に取りに戻り、市場に引き返してみると、市場は終わっていた。
▼結局、靴を買うことができなかった。
・ある人が言った、「どうして自分の［③　　］で試してみないのか？」と。
・鄭人は言った、「寸法書きは信用できても、自分の足は信用できないのだ。」と。

基本句形の整理

比較形 ⬇4行

比較形には、二つの事物を比較したうえで一方を選択する表現もある。

● 与《リハ》二其《ノ》A《(セ)ン》一寧《ロ》B《(セヨ)》　そノA(セ)ンよリハむしロB(セヨ)
● 与《リハ》二其《ノ》A《(セ)ン》一不レ如《カ》レB《(スル)ニ》　そノA(セ)ンよリハB(スル)ニしカず

問一 語句 二重傍線部a、bの読みを現代仮名遣いで書け。［3点×2］

a ヅ　b チ

問二 訓読 傍線部①「有ニ且レ置レ履者一。」を書き下し文に改めよ。［5点］

問三 文脈 傍線部②「取レ之」とは何を取るのか。本文中の語を抜き出せ。（訓点不要）［7点］

問四 訓点 傍線部③を「何ぞ之を試みるに足を以つてせざると。」と読めるように、返り点と送り仮名をつけよ。［6点］

何 不 試 之 以 足。

問五 内容 傍線部④「寧信レ度、無ニ自信一也。」の意味として適当なものを次から選べ。［7点］

ア 寸法書きのためなら、自分を犠牲にしてもよい。
イ 寸法書きは信用できても、自分の足は信用できない。
ウ 寸法書きよりも、自分の足のほうが確かだ。
エ 寸法書きを信用しても、自分のためにはならない。

問六 主題 この文章から、韓非子の主張はどのようなものと考えられるか。適当なものを次から選べ。［8点］

ア 古い考えにこだわらず、現実にも目を向ける必要がある。
イ 現実に目を向けるだけでは、世の中はよく治まっていかない。
ウ いかなる場合にも、定められた法に従うべきである。
エ 法は形だけのものであって、いつも従うべきではない。

寧ロA（ス）トモ無カレB（スル）［コト］ ➡むしロA（ス）トモB（スル）［コト］なカレ

訳 いっそAしてもBするな

例 寧ロ為ニルトモ鶏口一ト、無カレ為ニル牛後一ト。
➡寧《むし》ろ鶏口《けいこう》と為《な》るとも、牛後《ぎゅうご》と為《な》る無《な》かれ。

訳 いっそ鶏のくちばしになっても、牛の肛門《こうもん》にはなるな。

問題演習

1 次の文を書き下し文に改めよ。［2点×2］

① 礼ハ与ニリハ其ノ奢《おご》一ラン也、寧ロ倹ナレ。

訳 儀礼は派手であるよりは、質素なほうがよい。

② 寧ロ闘レハストモ智ヲ、無カレ闘レハスル力ヲ。

訳 いっそ知恵を戦わせても、力を戦わせるな。

2 書き下し文を参考にして、次の文に返り点・送り仮名をつけよ。［2点×2］

① 与 生 而 無 義、不 如 烹。

生《い》きて義無《ぎな》からんよりは、烹《に》らるるに如《し》かず。

訳 生き長らえて義を失うよりは、煮られて死ぬほうがました。

② 与 辟 人、寧 辟 世。

人《ひと》を辟《さ》けんよりは、寧《むし》ろ世《よ》を辟《さ》けよ。

訳 人を好き嫌いするよりは、俗世から逃れよ。

11

三国志《さんごくし》

三国時代、魏《ぎ》の太祖曹操《そうそう》の子曹沖《そうちゅう》は、幼いころから才知のある人物として知られていた。次の文章は、曹沖が温かい気持ちの持ち主でもあったことをしのばせるエピソードである。

句形　抑揚形

太祖ノ馬*鞍在リ庫《くら》ニ、而シテ［A］ルニ鼠《ねずみ》ノ［B］ト齧《かじ》ル。庫吏懼《おそ》レ必ズ死《ころ》サレンコトヲ、議シテ欲スルモ*面縛シテ*首《まう》サント罪ヲ、a猶ホ懼ル①不ルヲ免レ。沖謂ヒテ曰ハク、「待ツコト三日中ニシテ、然ル後ニ自帰セヨト。」沖於イテ是ニ以ツテ刀ヲ穿《うが》チ*単衣ヲ、如クシ鼠ノ齧ル者ノ、謬《いつは》リテ為シ失意ヲ、貌《かほ》ニ有リ愁色。太祖問フ之ヲ。沖対ヘテ曰ハク、「世俗以ツテ為ス鼠ノ齧ル衣ヲ者、其ノ主不吉ナリト。今単衣b見齧ラ。c是ヲ以ツテ*憂戚スト。」太祖曰ハク、「②此レ妄言ナル耳。無キ③所苦シム也ト。」俄《にはカ》ニシテ而庫吏以ツテ齧ラルルヲ鞍ヲ*聞ス。太祖笑ヒテ曰ハク、「児ノ衣在ルスラ側《かたは》ラニ尚ホ齧ラル。況ンヤ鞍ノ懸ケタルヲ柱ニ乎《や》ト。」一ニ無シ所問フ。

語注

*馬鞍…馬の鞍《くら》。
*面縛…罪を謝するため自分で手を後ろに縛ること。
*首罪…罪を申し述べる。白状する。
*単衣…ひとえの羽織。
*憂戚…恐れ、心配すること。
*聞…報告する。

本文の展開　空欄にあてはまる語句を本文中から抜き出せ。［1点×2］

▼倉庫に入れていた曹操の鞍が鼠に齧《かじ》られた。
・庫吏は罪を受けようと思ったが、死罪を恐れてグズグズしていた。
▼曹沖は庫吏に「三日待って自首せよ。」と。
・曹沖は衣服に刀で、鼠が［①　］ったような穴を開け、わざと悲しそうな様子をしていた。
▼それを見た曹操がわけを尋ねると、曹沖は、「世間では、鼠齧衣者、其主不吉と言います。私は衣服を鼠に齧られたので心配なのです。」と。
・曹操は、「それは［②　］だ。心配するな。」と。
▼にわかに庫吏が来て、鞍の件を白状した。曹操は「児衣在側尚齧。況鞍懸柱乎。」と言って、何もとがめなかった。

知・技	/23
思・判・表	/27
合計	/50

目標解答時間 25分

問一 語句 二重傍線部a～cの読みを現代仮名遣いで書け。［3点×3］

a ホ　b　c ヲ ツテ

問二 句形 「ねずみにかじられた」という意味になるように、空欄A・Bに、それぞれ適当な語を一字補え。［4点×2］

A 鼠 B 齧

問三 内容 傍線部①「不レ免。」とは、どういう事態を考えているのか。適当なものを次から選べ。［6点］

ア 死罪になること。　イ 罪を許されること。
ウ 失敗が露見すること。　エ 免職になること。

問四 文脈 傍線部②「此」がさす内容の初めと終わりの三字を本文中から抜き出せ。（訓点不要）［6点］

～

問五 口語訳 傍線部③「児衣在レ側尚齧。況鞍懸レ柱乎。」を口語訳せよ。［6点］

問六 主題 この話の主題として適当なものを次から選べ。［7点］

ア 曹沖の仁愛に満ちた人柄。　イ 世間で言われていることの誤り。
ウ 庫吏の利己的な態度。　エ 曹操の寛容さと度量の大きさ。

基本句形の整理

抑揚形 ⬇8行

抑揚形は、前半の内容を低く抑えて述べ、後半を強調する表現である。

A 且《スラかツ》 B、況《ンヤ》 C 乎《ヲ》 ⬇Aスラかツ B、いはンヤCヲや

訳 AでさえBなのだから、ましてCにあってはなおさらBだ

例 死 馬 且《スラ》《ツ》 買《フ》レ 之《ヲ》、況《ンヤ》 生《ケル》 者《ヲ》 乎。

⬇死馬《しば》**すら且《か》つ**之《これ》を買《か》ふ、**況《いは》んや**生《い》ける者《もの》**をや**。

訳 死んだ馬（の骨）でさえ（大金で）買ったのだから、まして生きている馬ならなおさらだ（高く買うと思うだろう）。

＊「且」「況」「乎」は、別の語に置き換えられたり省略されたりする。前半・後半全体が省略されることもあるが、補って考える。

問題演習

1 次の文を書き下し文に改めよ。［2点］

禽 獣《スラ》 知《ル》レ 恩《ヲ》、而《ルヲ》 況《ンヤ》 於《おイテヲ》レ 人《ニ》 乎。

訳 禽獣《きんじゅう》でさえ恩を知っている、まして人はなおさら知っている。

2 書き下し文を参考にして、次の文に返り点・送り仮名をつけよ。［2点×2］

①臣 死 且 不 避、卮 酒 安 足 辞。

臣《しん》死《し》すら且《か》つ避《さ》けず、卮酒《ししゆ》安《いづ》くんぞ辞《じ》するに足《た》らんや。

訳 私は死でさえも避けようとしない、まして大杯の酒などどうして辞退したりしようか、いや、辞退しない。

②以 獣 相 食、且 人 悪 之。

獣《けもの》相食《あひは》むを以《も》ってすら、且《か》つ人《ひと》之《これ》を悪《にく》む。

訳 獣が食べ合うことでさえ、人は忌み嫌うものである。

12 近古史談《きんこしだん》

句形 願望形

徳川家康《とくがわいえやす》の次男である秀康《ひでやす》は、武功のある阿閉掃部《あべかもん》を召し抱えた。秀康の家臣が、息子の鎧《よろい》の着初め式で掃部に手柄話を披露するよう頼む。次の文章は、依頼に応えて掃部が語った話の冒頭である。

①吾豈有《ラン》武功《ノ》可《キモノ》語《ル》乎。a無《ケレバ》已《ムコト》則《チ》有《リ》一焉。（しかたがないなら、一つあります。）吾嘗《テ》見《タリ》一士《ノ》武風最《モ》可《キ》観《ル》者《ヲ》矣。（一人の武士で武者ぶりの最も見る価値のある者を見たことがあります。）*賤《しづ》岳《たけ》之《ガ》役《ニ》、両軍既《ニ》散《ジ》、吾単騎沿《ヒテ》*余《よ》吾《ごの》湖《うみニ》而退《クトキ》、有《リ》一騎《ノ》呼《ブ》於後《ロニ》者。回《めぐラシテ》鑣《くつわヲ》②接《スレバ》之《ニ》則《チ》曰《ハク》、「朝来所《ハ》（馬の首をめぐらせてこれに近づくと、朝から討ち取ったのは、）殪《たふシシ》皆雑兵《ナリ》矣。③不幸《ニシテ》未《ダ》遇《ハ》好敵《ニ》。観《ルニ》子《ガ》*儀容《ヲ》、果《タシテ》非《ズ》凡士《ニ》。敢《ヘテ》請《フ》一戦《シテ》決《セント》*輸《ゆ》贏《えいヲ》。」余《われ》曰《ハク》、「諾《ト》。」下《リ》馬《ヨリ》将《ニ》交《ヘント》槍《やりヲ》。其《ノ》人曰《ハク》、④「請《フ》俟《まツコト》之《ヲ》須臾《ニセヨ》。我《ガ》槍*衊《けがレタリト》矣。」⑤没《シ》*鋒《ほこヲ》於湖《ニ》、洗《フ》之《ヲ》者《こと》三《タビ》。曰《ハク》、「可《シト》以《テ》戦《フ》矣。」於《イテ》是《ニ》相闘《ヒ》、雌雄未《ダ》決《セ》。b而《シテ》日已《ニ》c*昏《こん》黒《こくタリ》。

本文の展開 空欄にあてはまる語句を本文中から抜き出せ。［1点×4］

（手柄話を披露するよう頼まれる。）

↓
▼自分には語れるような［①　　］はない。
▼自分自身のことではないが、［②　　］の戦いで、落ち着き払って戦う一人の武士を見たことがある。
【相手の武士の行動】
・［③　　］と言える武士に声をかける。
・勝負の前に、自分の槍先を三度洗う。
▼［④　　］が暮れるまで決着しなかった。

語注

*賤岳之役…賤ケ岳の戦い。一五八三年（天正一一）、羽柴《はしば》（豊臣《とよとみ》）秀吉《ひでよし》が柴田勝家《しばたかついえ》と争った戦い。

*余吾湖…今の滋賀県にある余呉湖のこと。

*儀容…礼儀にかなった姿や様子。

*輸贏…勝ち負け。

*衊…血に濡《ぬ》れて汚れていること。

*鋒…槍の刃先。

*昏黒…真っ暗なこと。

知・技	思・判・表	合計
/21	/29	/50

目標解答時間 25分

問一 語句 二重傍線部a～cの読みを現代仮名遣いで書け。［3点×3］

a ムコト　b シテ　c ニ

問二 内容 傍線部①「豈有㆓武功可㆑語乎。」の意味として最も適当なものを次から選べ。［6点］

ア 語れる武功が誰にあるか知っていましょうか、いや、知りません。
イ どうして語れるような武功があるでしょうか、いや、ありません。
ウ きっと語る値打ちのある武功があるにちがいありません。
エ もし武功があるなら、ぜひとも語るべきでしょう。

問三 文脈 傍線部②「接㆑之」とあるが、何に「接」したのか。本文中から六字で抜き出せ。（訓点不要）［6点］

問四 訓読 傍線部③「未㆑遇㆓好敵㆒。」を書き下し文に改めよ。［4点］

問五 口語訳 傍線部④「請俟㆑之須臾。」を、何を「俟つ」のかを明らかにして口語訳せよ。［6点］

問六 主題 傍線部⑤「没㆓鋒於湖㆒、洗㆑之者三。」という相手の武士の行動を、掃部はどう評価したか。最も適当なものを次から選べ。［7点］

ア 誰にでも勝負を挑もうとする非常に好戦的な人だ。
イ 装束のわずかな汚れも見過ごさない潔癖な性格だ。
ウ 相手をじらして、その隙を突こうとする巧者だ。
エ 落ち着いて勝負に臨もうという余裕のある態度だ。

基本句形の整理　願望形 ➡6・7行

願望形とは、「～したい・～してほしい」という意を表す形である。

●請フ～(セ)ン／(セ)ヨ　こフ～(セ)ン／(セ)ヨ
●願ハクハ～(セ)ン／(セ)ヨ　ねがハクハ～(セ)ン／(セ)ヨ
●庶幾ハクハ～(セ)ン／(セ)ヨ　こひねがハクハ～(セ)ン／(セ)ヨ
●欲ス㆑～(セ)ント　～(セ)ントほつス

願ハクハ～(セ)ヨ ➡ ねがハクハ～(セ)ヨ　訳 どうか～してください

例 願ハクハ大王急ギ渡レ。 ➡ 願《ねが》はくは大王《だいわう》急《いそ》ぎ渡《わた》れ。
訳 どうか大王さま、急いで(川を)お渡りください。

問題演習

1 次の文を書き下し文に改めよ。［2点×2］

① 我酔《ゑ》ヒテ欲ス㆑眠ラント、君且《しばら》ク去レ。
訳 わたしは酔ったので眠りたい、君はしばらくここを去ってくれ。

② 請フ完ウシテ㆑璧ヲ而帰ラン。
訳 どうか璧を完《まっと》うして帰らせてください。

2 書き下し文を参考にして、次の文に返り点・送り仮名をつけよ。［2点×2］

① 願聞子之志。
願《ねが》はくは子《し》の志《こころざし》を聞《き》かん。
訳 どうか先生のお気持ちをお聞かせください。

② 王庶幾改之。
王《わう》庶幾《こひねが》はくは之《これ》を改《あらた》めよ。
訳 王様、どうかこれをお改めください。

1 古事談《こじだん》 × 中外抄《ちゅうがいせう》

平安時代後期に活躍し、時の権力者であった藤原道長に重用された定朝《じょうちょう》という仏師（仏像を作る職人）がいた。【文章Ⅰ】は、定朝が舞楽で使用する陵王の面の制作を依頼されたときの話である。【文章Ⅱ】は、定朝が若かりしころ、藤原道長が阿弥陀《あみだ》像を造立したときの話である。

知・技　/12
思・判・表　/38
合計　/50
目標解答時間　25分

【文章Ⅰ】

仏師定朝の、弟子*覚助《かくじょ》をば*義絶《ぎぜつ》して、家の中へも入れざりけり。しかれども、母に謁《えつ》せんがために、定朝*他行《たぎやう》のひまなどには、密々に来たりけり。定朝、左近府《さこんのふ》に①陵王の面《おもて》打ち奉るべきよし、仰せ下さるるによりて、至心に打ち出だして、愛して*褻居《けゐ》の前なる柱に掛けて置きたりけるを、父、他行のひまに覚助来たりけるに、この面を取り下ろして見て、②「あな心憂《こころう》。この定《ぢやう》にて③奉られたらましかば、あさましからまし。」とて、腰刀《こしがたな》を抜きて、④むずむずと削り直して、もとのごとく柱に掛けて、退《しりぞ》き帰り了《をは》んぬ。定朝帰り来たりて、この面を見ていはく、「このしれ者来たり入りたりけりな。⑤不孝《ふけう》の者、他行の間なりといへども、入り居ること、a奇怪なることなり。この陵王の面作り直してけり。ただし、bかなしく直されにけり。」とて、勘当を免《ゆる》さしむ、と云々《うんぬん》。

【文章Ⅱ】

*御堂《みだう》のA、仏子康尚《ぶつしかうじやう》に仰せられていはく、⑥「直すべきことありや。」と。申していはく、「直すべきこと候ふ。」と。*麻柱《あななひ》を構へてのち、康尚のBいはく、「早くまかり上れ。」と言ひければ、二十ばかりなる法師のC、薄色の*指貫《さしぬき》、桜の*裘代《きうたい》に、*裳《も》は着して、*袈裟《けさ》は懸けざりつる、槌《つち》の柄《え》を持ちて金色の仏の面を削りけり。御堂のD、康尚に仰せていはく、「彼はいかなる者ぞ。」と。康尚のE申していはく、「康尚の弟子、定朝なり。」と。そののち、⑦おぼえつきて、世の*一物《いちもつ》になりたり。

*覚助…定朝の息子であり弟子でもあったとされる。
*義絶…親子関係を絶つこと。勘当。
*他行…よそへ行くこと。外出。
*褻居…主人が常にいる室。居間。
*御堂…藤原道長をさす。
*麻柱…高い所に登る足がかり。足場。
*指貫・裘代・裳・袈裟…服装。
*一物…逸物に同じ。

問一 語句 二重傍線部a・bの本文中の意味を、それぞれ選べ。［3点×2］

a奇怪なる　ア 不思議だ　イ けしからん　ウ 恐ろしい　エ あやしい

bかなしく　ア いとおしい　イ 悲しい　ウ 悔しい　エ 見事だ

問二 文脈 傍線部①のできあがりに対し、定朝は自信を持っていた。そのことがわかる一語を抜き出せ。［4点］

問三 内容 傍線部②について、覚助の考えを具体的に説明したものとして適当なものを次から一つ選べ。［4点］

ア 自分の面作りの腕を示すことで、勘当を解いてもらいたい。
イ 勘当を解いてもらって、自分も父のように面を作りたい。
ウ 面の出来が不十分だから、このまま献上するのはよくない。
エ 上手に彫れている面だが、少し手を加えるほうがよい。

問四 文法 傍線部③について、「ましかば……まし」のように、事実とは異なることを思い描く表現を何と言うか。漢字四字で答えよ。［3点］

問五 内容 傍線部④は、どのような感じを表していると思われるか。適当なものを次から選べ。［4点］

ア 恐る恐る慎重な感じ
イ ごつごつとして不器用な感じ
ウ 細やかで丁寧な感じ
エ 手早いが力強く的確な感じ

問六 理由 傍線部⑤と述べた定朝が、勘当を解く気持ちになったのは、覚助のどのようなことに深く感じ入ったからか。それぞれ十五字以内で二つ説明せよ。［6点×2］

問七 文法 傍線部A～Eの中で意味・用法が違うものを一つ選べ。［3点］

問八 文脈 道長は完成した仏像について傍線部⑥と問うている。仏像が完成していることを示す言葉を五字以内で抜き出せ。［4点］

問九 口語訳 傍線部⑦の意味として適当なものを次から一つ選べ。［4点］

ア （道長に）評価されて、一風変わったすぐれた仏師になった。
イ （康尚から）認められ、立派な仏師として活躍するようになった。
ウ （定朝の）名前が覚えられて、世間で評判の仏師となった。
エ （道長に）気に入られて、傑出してすぐれた仏師となった。

問十 主題 【文章Ⅰ】の覚助と【文章Ⅱ】の若いころの定朝の振る舞いに共通する点は何か。それぞれ十五字以内で二つ説明せよ。［3点×2］

2 十八史略《じふはつしりやく》 × 春秋左氏伝 × 春秋公羊伝《くやう》

次の【文章Ⅰ】は、春秋時代に宋《そう》の襄《じやう》公が起こした楚《そ》との戦いの顚末《てんまつ》を記した『十八史略』の一節で、【文章Ⅱ】と【文章Ⅲ】は、『春秋左氏伝』と『春秋公羊伝』に記された、同じ戦いに関する評語である。これらを読んで、後の問い（問一～九）に答えよ。

知・技	/20
思・判・表	/30
合計	/50

目標解答時間 25分

【文章Ⅰ】

宋ハ子*姓ニシテ、商*紂《ちう》ノ庶*兄微《び》*子《し》啓《けい》之所レ封ゼラルル也。後世至リ二春秋ニ一、有リ二襄《じやう》公茲《じ》*父《ほ》トイフ者一。欲シレ覇タラント二諸侯ニ一、a‖与レ楚戦フ。公*子目《もく》*夷《い》、請フ下①及ビテ二其ノ未ダルニ一レ陳セ撃タント上レ之ヲ。公曰ハク、「君子ハ不トレ困《くる》シメ二人ヲ於②阨《やく》ニ一。」b‖遂ニ③為ル二楚ノ所ト一レ敗ル。④世笑ヒテ⑤以テ為ス二宋襄之仁ト一。

＊子姓…「子」という姓（家柄を表す呼称）。　＊商紂…殷《いん》の紂王。
＊庶兄…異母兄。　＊微子啓…人名。　＊茲父…襄公の名。
＊公子…諸侯の子。　＊目夷…襄公の部下。　＊阨…苦しみ。難儀。

【文章Ⅱ】

子*魚曰ハク、「⑥君未知戦。」

＊子魚…襄公の軍師。

【文章Ⅲ】

故ニ君子ハ大ニトス二其ノ不ルヲ一レ鼓*セレ不ルニレ成サレ列ヲ。臨ミテ二大事ニ一而不レ忘レ二大礼ヲ一。⑦有ルモレ君而無シレ臣。c‖以為ヘラク雖モ二文*王之戦ヒト一、亦不ルレ過ギレ此レニ也ト。

＊鼓…攻撃の合図の太鼓を鳴らす。
＊文王…周の文王。名君として知られる。

問一 語句 二重傍線部a〜cの読みを現代仮名遣いで書け。〔4点×3〕

a　　b　ニ　　c　ヘラク

問二 文脈 傍線部①「及ニ其未レ陣」の「其」は何をさすか。**【文章Ⅰ】**の中から一字で抜き出せ。（返り点・送り仮名不要）〔4点〕

問三 文脈 傍線部②「阨」とあるが、具体的にはどのようなことか。**【文章Ⅲ】**の中から当てはまるものを二字で抜き出せ。（訓点不要）〔5点〕

問四 口語訳 傍線部③「為ニ楚所レ敗。」を口語訳せよ。〔4点〕

問五 理由 傍線部④「世笑」の理由として最も適当なものを次から選べ。〔5点〕

ア 戦場で、敵軍と互いに万全の状態で戦おうとする襄公の姿勢に感心したから。

イ 覇者を目ざす襄公が、敵のだまし討ちにあって敗れたことにあきれたから。

ウ みすみす相手を攻撃する好機を逃して敗れた襄公を愚かしいと思ったから。

エ 日頃から嫌悪していた襄公が窮地に陥りうれしくなったから。

問六 語句 傍線部⑤「宋襄之仁」は現代にも残る故事成語であるが、その意味として適当なものを次から選べ。〔4点〕

ア 余計な手助けをしてかえって駄目にしてしまうこと。

イ 古い物事にとらわれて融通のきかないこと。

ウ 何事も言い出した者から実行するべきだということ。

エ つまらない情けをかけてかえってひどい目にあうこと。

問七 訓読 傍線部⑥「君未レ知レ戦。」を書き下し文に改めよ。（文末の「と」は不要）〔4点〕

問八 内容 傍線部⑦「有レ君而無レ臣。」の意味として適当なものを次から選べ。〔4点〕

ア 優れた君主がいたが、それを支える優秀な臣下はいなかった。

イ 優れた君主がいて、それを惑わすよこしまな臣下もいなかった。

ウ 暗愚な君主がいたが、それを惑わすよこしまな臣下もいなかった。

エ 暗愚な君主がいて、それを支える優秀な臣下もいなかった。

問九 内容 **【文章Ⅰ】【文章Ⅱ】【文章Ⅲ】**について、⑴「襄公」に対する評価が他の二つと異なっているものを一つ選び、⑵どのような点が異なっているのかを、「〜点。」に続く形で、二十字以内で答えよ。〔4点×2〕

⑴**文章**

⑵

点。

「読み比べ」問題に取り組む際のポイント

近年、大学入試では、一題に複数の文章を提示し、比較・関連付けを行ったうえで解答させる「読み比べ」問題の出題が増えている。

古文・漢文分野の「読み比べ」問題では、複数の文章がすべて古文もしくは漢文の場合が多いが、古文と漢文の組み合わせや、古文もしくは漢文と現代文（会話文含む）の組み合わせで出題される場合もある。

ここでは、複数の古文作品・漢文作品の「読み比べ」を行う際の着眼点をまとめた。

複数の文章を読む際の着眼点

1 関係性を捉える

提示された複数の文章が、互いにどのような関係にあるのかを捉える必要がある。「文章Aと文章Bは同じ話題を扱っている。」「文章Aは文章Bをもとに書かれた文章である。」のように、問題のリード文に文章どうしの関係性が提示されている場合があるので参考にするとよい。

「読み比べ」問題では、原作とその注釈書が出題されることがある。注釈書とは、ある作品について、後世の人が原作の内容を分析・解説したもので、注釈者の感想や評価を記している場合もある。また、異なる筆者による注釈書どうしの「読み比べ」問題が出題される場合もある。

古文作品と漢文作品との「読み比べ」問題では、中国の古典文学作品（漢文）と、その内容や筋をもとにして別の作品に書き改めた翻案作品（古文）が出題される場合がある。

翻案作品の例

『唐《から》物語』…中国の故事を翻案した平安時代の説話集
『伽婢子《おとぎぼうこ》』（浅井了以《あさいりょうい》）…中国白話小説を翻案した江戸時代の仮名草子
『雨月《うげつ》物語』（上田秋成《うえだあきなり》）…和漢の古典に取材した江戸時代の怪異小説集

2 共通点を捉える

異なる複数の文章を読み比べるとき、多くの場合、それらの間に何らかの共通点が存在する。どのような「共通の土台」を持っているかを見つけることが、「読み比べ」の第一歩である。

1の関係性を捉えることができていれば、共通点を捉えることも難しくはないだろう。たとえば、1であげた漢文作品とその翻案作品との「読み比べ」問題の場合、内容や登場人物、場面・状況はほぼ共通している。

3 相違点を捉える

複数の文章の間に「共通の土台」を見いだしたとしても、「読み比べ」問題にそれらの文章が示されているということは、それらの間に何らかの差異があると考えてよい。

たとえば、1で示した原作とその注釈書との「読み比べ」問題では、出来事や登場人物の言動に対する注釈者の感想や評価が加わることにより、新たな解釈や視点が提示される場合がある。また、1で示した漢文作品とその翻案作品との「読み比べ」問題では、漢文から古文に改められたことによる文体・表現の違いのうえに、内容にも違いが見られる。

共通点・相違点を探す際の観点

複数の文章間の共通点・相違点を捉えるには、各文章をしっかり読み取ったうえで、次の観点に注目するとよい。

作者…同じか別か
　ものの見方・考え方（感想・評価）
内容…テーマ（主題）・ジャンル
登場人物…心情・会話・行動
場面・状況…場所・時間
表現…描写（会話・情景）・文体・語彙

訂正情報配信サイト
利用に際しては、一般に、通信料が発生します。

https://dg-w.jp/f/19d0d

ニューフェイズ　古典１＋

2024年１月10日　初版第１刷発行
2025年１月10日　初版第２刷発行

編　者　第一学習社編集部
発行者　松　本　　洋　介
発行所　株式会社　第一学習社

広　島：〒733-8521　広島市西区横川新町７番14号　☎082-234-6800
東　京：〒113-0021　東京都文京区本駒込５丁目16番７号　☎03-5834-2530
大　阪：〒564-0052　吹田市広芝町８番24号　☎06-6380-1391
札　幌：☎011-811-1848　仙　台：☎022-271-5313　新　潟：☎025-290-6077
つくば：☎029-853-1080　横　浜：☎045-953-6191　名古屋：☎052-769-1339
神　戸：☎078-937-0255　広　島：☎082-222-8565　福　岡：☎092-771-1651

落丁・乱丁本はおとりかえします。
解答は個人のお求めには応じられません。

ホームページ　https://www.daiichi-g.co.jp/

■■■ 技能別採点シート ■■■

※「語句」欄には「重要古語」、「文法」欄には「文法の整理」、「句形」欄には「基本句形の整理」の点数も加えて書き込みましょう。

		知識・技能						思考力・判断力・表現力							合計
		語句	文法	句形	訓読	訓点	知識	内容	文脈	理由	口語訳	表現	主題	本文の展開	
古文編	1	/4	/7					/5	/9	/10	/5		/6	/4	/50
	2	/4	/9					/18	/9		/6			/4	/50
	3	/4	/9					/14	/4	/5	/5		/5	/4	/50
	4	/4	/8				/4	/8		/10	/6		/6	/4	/50
	5	/4	/8					/7	/3	/12	/6		/6	/4	/50
	6	/4	/10				/4	/5	/8	/5	/5	/5		/4	/50
	7	/4	/8					/10	/9	/5	/5		/5	/4	/50
	8	/10	/12				/3			/5	/5	/6	/5	/4	/50
	9	/4	/8					/6	/18	/5	/5			/4	/50
	10	/4	/8					/20	/6	/4	/4			/4	/50
	11	/4	/7					/19	/8	/4			/4	/4	/50
	12	/4	/8					/11	/14		/4		/5	/4	/50
	13	/4	/10					/17	/10	/5				/4	/50
	14	/4	/8					/17		/6	/5		/6	/4	/50
	15	/4	/12					/11	/3		/8	/4	/4	/4	/50
	16	/4	/6					/27	/4		/5			/4	/50
漢文編	1	/6		/8	/5	/6		/7	/7	/8				/3	/50
	2	/6		/8	/4	/7		/14		/7				/4	/50
	3	/9		/8	/3	/5		/7	/7	/7				/4	/50
	4	/9		/6		/6		/12	/6				/7	/4	/50
	5	/6		/8	/5	/6		/7	/8		/6			/4	/50
	6	/9		/8	/3	/5		/14	/7					/4	/50
	7	/9		/8	/4	/4		/6			/7		/8	/4	/50
	8	/6		/8	/5	/6			/13				/8	/4	/50
	9	/5		/8	/4		/8		/14				/7	/4	/50
	10	/6		/8	/5	/6		/7	/7				/8	/3	/50
	11	/9		/14				/6	/6		/6		/7	/2	/50
	12	/9		/8	/4			/6	/6		/6		/7	/4	/50
読み比べ	1	/6	/6					/8	/8	/12	/4		/6		/50
	2	/16			/4			/12	/9	/5	/4				/50